企业凝聚力与表演艺术

QIYE
NINGJULI
YU
BIAOYAN
YISHU

孙培熙 著

山西出版传媒集团

北岳文艺出版社
·太原

图书在版编目(CIP)数据

企业凝聚力与表演艺术 / 孙培熙著. —太原：北岳文艺出版社，2023.5
　　ISBN 978-7-5378-6696-5

Ⅰ.①企… Ⅱ.①孙… Ⅲ.①企业管理—组织管理学 Ⅳ.①F272.9

中国国家版本馆CIP数据核字(2023)第050111号

企业凝聚力与表演艺术
孙培熙　著

出版统筹 郭文礼	出版发行：山西出版传媒集团·北岳文艺出版社 地址：山西省太原市并州南路57号 邮编：030012
责任编辑 吴国蓉	电话：0351-5628696（发行部）　0351-5628688（总编室） 传真：0351-5628680
书籍设计 张永文	印刷装订：山西立方印业有限公司
印装监制 郭　勇	开本：787 mm×1092mm　1/32 字数：200千字　印张：10.25 版次：2023年5月第1版 印次：2023年5月山西第1次印刷 书号：ISBN 978-7-5378-6696-5 定价：68.00元

本书版权为本社独家所有，未经本社同意不得转载、摘编或复制

本书作者(右)和宋在薰教授

手 记 ―・

추 천 서

한중경상학회 회장
한국경영사학회 회장
한국 우석대학교 교수, 박사과정 지도교수
송재훈

우선 본인이 지도한 손배희(孙培熙)박사가 쓴 책을 위해 서문을 써 줄 수 있어서 매우 기쁘다. 이 책의 저자인 손배희(孙培熙)교수는 2018년 내가 지도 교수가 되면서 한국 우석대에서 박사학위를 받고 떼어 놓을 수 없는 인연을 맺었다. 지금까지 나와 배희의 우정은 단순한 사제관계를 넘어 '망년지우(忘年之友)' 만큼 친구이자 서로를 걱정하는 가족이다. 비록 현재의 세계적인 코로나 19의 영향으로 그가 학업을 마치고 귀국한 이후 지금까지 만날 기회가 없었지만, 우리는 어떠한 변화에도 영향을 받지 않고 서로 긴밀한 관계를 유지하고 있다.

『기업 응집력과 공연의 예술』이라는 제목의 이 책은 저자가 박사학위 논문을 바탕으로 수정 보완해 쓴 것이다. 박사학위 과정의 지도교수인 나는 이 책의 원고를 보면 왠지 어디선가 본 듯도 한 느낌이 들기도 하고, 일부 내용이 인상적이기까지 했다. 그리고 자세히 읽어보면서 다시 한 번 글의 행간에 담긴 저자의 정성을 느낄 수 있었다. 논문을 완성하기 위해 배희의 들인 고생과 노력을 생각해 보면 그때의 기억이 생생한 장면도 다시 머리에서 떠오른다.

2018년 연말, 겨울방학을 앞두고 배희가 찾아와 박사 논문 주제 선정에 대해 이야기를 나누던 기억이 난다. 경영학과 다른 학문 간의 융합연구를 다룬 제목을 쓰고 싶다는 그의 생각을 얘기해 주었다. 내가 그의 생각을 지지해 주는 것은 당연했다. 하지만 그가 경영학과 예술학, 특히 공연예술과의 연관성을 위한 연구를 시도해도 되겠느냐고 물었을 때 나는 망설였다. 원인은 주로 두 가지이다. 첫째, 기존의 연구성과 중 경영학과 예술학 간의 융합연구가 매우 제한적이고, 또한 경영학과 공연예술 간의 융합연구는 매우 적다. 선행 연구의 기초가 상대적으로 약하고 연구를 수행하기 위한 이론적 근거와 참고가 다소 '근본적으로 부족하다' 는 뜻이다. 둘째, 나 자신은 예술학에 대해 잘 알지 못하고 공연예술에 대해서는 더욱 생소하며, 후속 논문 작성 지도 과정에서 극복하기 어려운 문제나 병목현상에 부딪히지는 않을지 하는 우려로 유보적인 태도를 가지고 있었다. 그래서 나는 그에게 바로 긍정

— 1

·— 企业凝聚力与表演艺术

적인 대답 대신 "왜 공연예술을 선택했느냐"고 반문했다.
　　그는 먼저 웃더니 "공연예술을 정말 좋아하기 때문"이라고 대답했다. 이어 "어릴 때부터 무대에 오르는 것을 좋아했고, 전문 선생님에게 연기를 배웠고, 한때 예술대학에 진학해 프로가 되고 싶다는 생각도 들었습니다. 이런저런 사정으로 결국 실현되지는 못했지만 제 취미인 연기는 늘 제 삶에서 대체할 수 없는 위치를 차지했습니다"고 했다.
　　그래서 내가 "하지만 취미가 꼭 연구 대상으로 적합한 것은 아니라는 것을 알아야 해, 참고문헌을 찾아 보았니? 참고할 만한 선행 연구 결과가 많지 않은 것이 아니냐"고 말했다. 그러자 그는 "네!"라고 대답했다.
　　나는 그에게 "그렇다면, 너의 주제 선정은 후속 연구 과정에서 많은 어려움을 겪을 수 있고, 나아가기 어려울 위험도 있다는 것을 염두에 두었냐?"라고 했다.
　　여기까지 이야기를 해 왔는데 그는 아직도 웃으면서 지금까지도 내게 생생하게 기억하는 말을 꺼냈다. "교수님, 그런 말씀은 염두에 두고 있습니다. 그래도 내 생각을 고수하고 싶은 이유는 다음과 몇 가지 있습니다. 우선, 공연예술과 경영학을 놓고 융합연구를 하는 것은 불확실하지만 박사 과정의 논문 작성에 전혀 위험하지 않은 선택지가 어디 있겠습니까? 둘째, 각 분야의 학문과 공연예술에 대한 융합연구의 선행성과는 비교적 적지만, 여전히 큰 발전을 줄 수 있습니다. 예를 들어 어빙·고프만(Erving Goffman)의 연극 이론은 내게 연구의 방향에 대한 가이드라인을 주기도 하고 연구를 계속할 수 있다는 자신감을 주기도 했습니다. 또한 기존의 관련 연구성과가 적기 때문에 논문의 최종 완성 후 학술적 가치와 연구 의의가 더 잘 드러날 수 있습니다. 마지막으로, 나는 학술 연구의 길에 쉬운 지름길이 없다는 것을 잘 알고 있고, 항상 무거운 짐을 지고 나아가야 하는데 자신이 좋아하는 일을 지루한 학문 연구와 결합하면 고생 속에서 즐거움을 찾는 행복이라고 할 수 있습니다." 이런 말을 하고 나서 아직도 얼굴에 웃음이 보인다.
　　나는 그의 눈빛에서, 웃는 얼굴에서, 특히 그의 말에서 진정성과 자신감, 그리고 확고함을 느꼈고, 그의 말에서도 확실히 적잖은 감동을 주었다. 그래, 학술연구의 길에서 어떤 방향이 절대적으로 쉽고 쉽다고 할 수 있을까? 지금 그가 내 눈앞에서 보여준 학술연구에서의 이런 낙관적 사고와 탐구정신은 논문 작성에서의 지도보다 훨씬 더 중요한 나의 지지와 긍정을 필요로 한다. 잠시 생각한 끝에 나는 최종 결정을 내리고 "그럼 해! 문제와 어려움이 닥치면 함께 방법을 강구하면 된다"고 말했다.
　　그렇게 일의 최종 결과는 모두가 이미 보았는데, 바로 그때의 그 모험적인

手 记 一·

결정으로 인해 지금의 이 책이 탄생하게 된 것이다. 과정은 정말 좋아하는 일을 하면서도 "쓴다"고 해도 "달다"고 느끼는지 모른다. 내가 그의 몸에서 자신감과 낙천성을 내내 느꼈고, 그 긍정적인 모습도 내게 영향을 미쳤다. 따라서 논문 작성의 전체 과정은 대체로 비교적 순조롭게 되었다. 책에 나와 있듯이 연구의 범위를 좁히고 대상을 구체화하기 위해 먼저 경영학과 예술학의 풍부한 내용 중에서 기업의 응집력과 공연예술을 접점으로 선택하였다. 글에서 연극과 영화의 공연 예술로 한 단계 더 구체화되었다. 이 기초 위에, 우리는 이후의 각 부분의 논리·구조·내용을 점차 확정하고, 관련 자료를 조사하며 향후 계획을 수립하였다. 연구 전개 및 논문 작성의 전 과정에서 배희는 언제나 진지하고 엄격한 태도로 모든 학술 문제를 대하고, 모든 과학 연구 작업을 성실하고 검소하게 과학적으로 수행해 왔다. 그동안 우여곡절과 반복을 거듭했지만 이런 '에피소드'들이 그가 박사논문을 고품질로 완성하는 데 걸림돌이 되지는 못했다. 결국 배희는 박사학위 과정을 모두 마치고 박사논문심사를 무사히 통과해 경영학 박사학위를 받았다.

이제 이 책을 모두에게 추천해 드리려고 한다. 학술 연구의 관점에서 이 책의 내용은 경영학과 예술학 사이에 직접적인 연관성을 확립하는 대담한 탐색과 시도이며, 경영학 융합연구의 이론적 성과를 풍부하게 할 뿐만 아니라 경영학 융합연구를 위한 새로운 분야와 방향을 열어주었다. 기업경영관리의 실천적 관점에서 이 책에서는 공연예술 이론지식을 참고하여 기업의 응집력을 높이는 일련의 방법을 제시하였으며, 실증연구를 통해 이러한 방법이 다양한 기업에서 직원들의 보편적 수용과 인정을 받을 수 있음을 검증하였으며, 기업의 내부관리를 강화하고 집단의 응집력을 향상시키기 위한 전략적 지원과 의사결정을 위한 참고자료를 제공하였다. 따라서 당신이 학술 연구자이든, 기업의 경영자이든, 아니면 평범한 독자이든, 당신이 이 책을 펼쳤을 때, 당신이 그것을 다 읽을 시간이 없거나 흥미가 없더라도, 당신이 단지 책의 특정 부분의 내용에 관심을 가지고 선택적으로 읽더라도, 나를 믿으면 반드시 수확이 있을 것이고, 반드시 '책을 펼치면 이로움이 있다'는 말이 무엇인지 느낄 것이다.

지금 원고를 내려놓고 이 서문을 쓰기 시작했을 때, 머릿속에서 다시 과거로 돌아가고, 배희가 귀국 비행기를 타기 전 작별인사를 하며 서로 소중하게 생각하고 하루빨리 재회하기를 기대하던 그때의 모습은 지금도 생생하다. 비록 오늘날 우리가 다시 만날 수 있는 기회는 아직 없지만, 나는 여전히 중국에 멀리 있는 나의 제자가 이룬 발전을 진심으로 기쁘게 생각하며, 이 책의 출판을 축하하며, 그에게 나의 가장 진지한 축복을 보내고자 한다. 왜냐하면

· ― 企业凝聚力与表演艺术

내가 첫 편에서 말했듯이, 우리의 친구 같은, 가족 같은 우정은 국경, 거리, 시간, 그리고 다른 어떤 요인의 영향으로 변하지 않기 때문이다. 동시에 나는 우리가 곧 한국에서든 중국에서든 다시 만날 기회가 있을 것이라고 점점 더 믿는다. 왜냐하면, 나는 모든 것이 점점 더 좋아질 것이라고 확신하기 때문이다. 반드시 그럴 것이다!

2022년 11월 08일
한국 서울에서
송제훈

序

  很高兴能够为我的学生所写的书作序。本书的作者孙培熙先生于2018年到韩国又石大学攻读博士学位，而我成为他的导师，我们之间也由此结下了深厚的不解之缘。时至今日，我和培熙之间的情谊早已超越了简单的师生关系，而是"忘年交"一般的朋友，更是彼此牵挂的亲人。尽管受到当前全球疫情的影响，从他学成归国至今我们没能有见面的机会，但我们彼此始终保持着紧密的联系，而这是不会受到任何因素影响的。

  这本书的名字是《企业凝聚力与表演艺术》，是作者在自己的博士论文基础上改写而成的。作为他攻读博士学位期间的导师，当我再看到这本书的文稿时，自然有一种似曾相识的感觉，对部分内容的印象甚至是十分深刻的。而在我仔细阅读的过程中，我再一次感受到了字里行间所饱含着的作者的心血，回想起培熙为了完成论文的写作而付出的艰辛和努力，彼时那一幕幕令人记忆犹新的场景也再一次浮现在我的脑海中。

记得那是2018年的年底，临近寒假到来的前夕，培熙找到我交流有关他博士论文选题的事情。当时他对我说，想写一个有关管理学与其他学科之间进行交叉性研究的题目，对于他的这一想法我自然是非常支持的。但是，当他询问我是否可以尝试开展在管理学与艺术学之间，特别是与表演艺术之间建立关联的研究时，我还是有些犹豫的。原因主要在于两个方面：其一，在现有的研究成果中，有关管理学与艺术学之间的交叉研究是非常有限的，而管理学与表演艺术之间的交叉研究则是少之又少，先行研究的基础比较薄弱，开展研究的理论依据和参考有些"先天不足"；其二，我本人对于艺术学不甚了解，对于表演艺术则更为陌生，在后续指导论文写作的过程中是否会遇到难以跨越的问题或瓶颈，我是持保留态度的。因此，我并没有马上给予他肯定的回答，而是反问道："你为什么会选择表演艺术呢？"

他先是笑了笑，然后回答我说："因为我真的非常喜欢表演艺术！"他继续说道："我从小就喜欢登台表演，也跟专业老师学习过表演，曾经还一度有报考艺术院校、成为一名职业演员的想法。虽然由于各种原因最终没能实现，但表演作为我的业余爱好，始终在我的生活中有着不可替代的位置。"

"但你要知道，爱好不一定就适合作为研究对象。你应该已经查阅相关资料了吧，是不是可供参考的先行研究成果并不多？"

"是的。"

"既然如此，那你有没有考虑到你的选题有可能会在后续的研究过程中遇到很多困难，甚至有难以开展下去的风险？"

说到这里，他依然先是笑了笑，然后说出了那些让我至今记忆犹新的话语："教授，您说的这些我是有考虑到的。但我还是想坚持我的想法，理由有以下几个方面：首先，选择表演艺术与管理学开展交叉研究虽然有很多不确定性，但是对于博士阶段的论文写作来讲，又有哪个选题可以算得上是完全没有风险的呢？其次，虽然各领域学科与表演艺术开展交叉性研究的先行成果都比较少，但却依然能够给予我很大启发，比如欧文·戈夫曼的戏剧理论，既给了我在研究方向上的指引，又赋予了我将研究进行下去的信心。此外，也正因为现有的相关研究成果少，那么在论文最终完成以后，其学术价值和研究意义便能得到更好的体现。最后，我深知在学术研究的道路上没有轻松的捷径可言，总是要负重前行的，既然如此，如果能够将自己喜欢的事情与枯燥的学术研究结合在一起，不失是一种苦中作乐的幸福。"说完，他依旧保持着笑容。

　　我看向他，此刻从他的眼神中、笑容中，特别是从他的话语中，我感受到了真诚、自信和坚定，而他的话也的确给予了我不小的触动。是啊，在学术研究的道路上，又有哪个方向能够称得上是绝对轻松、容易的呢？而此刻他在我眼前所展现出的这种在学术研究上的乐观心态和探索精神，却是我必须要予以支持和肯定的，这一点远比在论文写作上的指导要更加重要。片刻的思考之后，我做出了最终的决定并对他说："那就去做吧！遇到问题和困难的话，我们再一起想办法就是了。"

就这样，事情最终的结果大家都已经看到了，正是由于当时那个看似有些冒险的决定，才有了此刻拿在你我手中的这本书的诞生。至于过程，也许真的是因为做自己喜欢的事情"苦"也觉得"甜"吧，从始至终我一直能够感受到他身上的那种自信和乐观，而这种积极的状态也始终影响着我。因此，论文写作的整个过程在总体上还是较为顺利的。正如书中所写的那样，为了缩小研究范围、使研究对象更加具体，我们首先分别在管理学和艺术学的丰富内容中，选择了企业凝聚力和表演艺术作为切入点，在文中又进一步具体到戏剧和影视的表演艺术。在此基础上，我们再逐步确定后续每一部分的逻辑、结构、内容，查阅相关的资料，布置相应的工作，在研究开展和论文写作的全过程中，培熙始终以严肃、严谨的态度来对待每一个学术问题，踏实、认真、刻苦、科学地落实每一项科研工作，在此期间虽然经历了多次的波折和反复，但这些"插曲"都无法阻碍他高质量地完成博士论文的写作。最终，培熙圆满完成了自己博士阶段的所有学习任务，顺利通过了博士论文答辩，如愿以偿地获得了工商管理博士学位。

现在，我把这本书推荐给你们。从学术研究的角度上讲，该书内容是在管理学与艺术学之间建立直接关联的一次大胆探索与尝试，不仅丰富了管理学交叉性研究的理论成果，也为管理学交叉性研究开辟出一个新的领域和方向。从企业经营管理的实践角度上讲，书中提出了一系列借鉴表演艺术理论知识提升企业凝聚力的方法，并通过实证研究验证了这些方法能够在不同企业得到员工的普遍接受和认可，为企业强化内部管理、提升群体凝聚力提供了策略支持与决策参考。因此，不论你是一位学术研究人员，还是一位企业的经营管理者，再或者就是一位普通的读者，当你翻开这本书的时候，即便你没有时间、没有兴致把它全部读完，即便你仅仅是对书中某一部分的内容感兴趣而进行选择性地阅读，相信我，你也一定会有所收获，一定会感受到什么是"开卷有益"。

此刻，当我放下了手中的书稿开始落笔写下这篇序文的时候，头脑中的思绪再一次回到了过去，回到了培熙在踏上归国的飞机之前与我道别、彼此互道珍重、期待早日重逢的那一刻，当时的场景至今仍历历在目。虽

序 一

然时至今日我们还没有机会能够再次相见,但我依然由衷地为自己的这位远在中国的学生所取得的进步而感到高兴,为这本书的出版表示祝贺,并为他送上我最真挚的祝福。因为正如我在开篇所说的那样,我们之间那如朋友、如亲人一般的情谊,是不会受到国界、距离、时间和其他任何因素的影响而发生改变的。同时,我也越发相信,很快我们就会有机会再次相聚,不论是在韩国还是在中国。因为,我确信,一切都会越来越好!是的,一定会的!

宋在薰

2022 年 11 月 8 日于韩国首尔

注:宋在薰,韩中经商学会会长、韩国经营史学会会长,韩国又石大学教授、博士生导师。

自 序

"管理既是一门科学,也是一门艺术。"对于这句话,我已经想不起来到底是在什么时候、以怎样的方式第一次接触到的了。只依稀记得那时的我应该还只是个儿童,或许是在一本课外辅导书上偶然看到,又或许是在我父母的谈话里无意中听到……不过,到底是哪一种情景并不重要,重要的是在我与这句话不期而遇之后,仿佛一切都在冥冥之中注定了一般,我的人生从此便与"管理"和"艺术"结下了不解之缘。

先说"艺术"。可能我的确是有那么一点点所谓的"艺术细胞"吧,从我记事起,有关我生活的记忆里就从未缺少过"艺术"。从我父母那里得知,当我还是幼儿园的小朋友时就开始登台演出。小学和初中时,更是班级和学校的文艺骨干。高中学习任务重，没有施展的平台和机会，所以我过得很压抑。在大学和攻读研究生阶段，都担任过学生会文艺部部长、艺术团团长的职务。而要说才艺，我先后学习过手风琴演奏、相声表演、戏剧表演、朗诵、演讲、主持、吉他弹唱、街舞……大学的时候参加某部电影的演员海选，获得了赛区第一名，虽然电影最终没拍成，但却阴差阳错地加入了一个商业演出团体，后来一到寒暑假就跟着他们到全国各地去演出。参加工作以后，艺术上的特长让我有了更多展示自己的机会：唱歌、主持、演讲、演话剧……但凡是单位组织文艺活动，总少不了我的身影。后来，居然机缘巧合地参与到了某部电影的拍摄中，饰演了一个台词还不算太少的角色，终于实现了自己沉寂多年的"触电"愿望。总的来说，在"艺术"的道路上，我认为自己还是算得上"艺多不压身"、经历够丰富。

　　再说"管理"。有关"管理"的经历可以说一点也不逊于"艺术"。先来简述一下自己的"干部履历"：小学担任班长、少先队大队委员，初中担任班长，高中依旧很压抑且原因同上。大学担任文体委员、文艺部副部长，攻读研究生期间担任宣传委员、艺术团团长，等等。可以说，我算得上是个实实在在的学生干部"钉子户"，自己的求学生涯可谓是过足了当"领导"的瘾。也不知道是不是"领导"当久了就自然有了"管理"的气场，高考结束后为了选一个适合自己的学习专业，家里人特意带着我到一家评测机构去做了测试，根据测试结果推荐了十个适合我的大学专业，其中有八个专业都带着"管理"二字。最终，我在自己的高考志愿栏上毫无悬念地填上了那个在十个推荐专业中排名榜首的"工商管理"。从此算起，到后来硕士研究生阶段所学的专业，再到博士研究生阶段所学的专业，就再也没有离开过"管理"的领域。毕业后进入高校工作，当过管理学生的辅导员，担任过院系的团总支书记，现在任课教学，所教授的专业和所讲授的课程，均属于管理学类。

怎么样？我说自己跟"管理"和"艺术"都有着深厚的不解之缘一点都不为过吧。但此时，你可能会对我提出质疑，因为上述那些我如数家珍的"艺术"和管理中的"艺术"是完全不同的两个概念。前者是一种"美"与"文化"的范畴，而后者则一般被认为是限定在管理学范畴内的方法和技巧，二者之间没有直接的关联性。

是的，对于这样的质疑，我是完全接受的，因为最初的我也有着同样的观点。但是，当我对管理学知识的学习不断深入，在日常的生活与工作中所参与到的管理实践越来越多，同时伴随着自己那些不断丰富的"艺术"经历，我对"管理"与"艺术"之间关系的认知开始有了新的变化。因为，在我所参与的管理实践与教学工作中，经常会运用到自己的"艺术"经历所积累的经验和方法，且往往能够使工作的开展更加具有创造性；而当我参与文艺活动的时候，又会经常将管理学的相关理论融入其中，使活动的开展更加顺畅有序。日积月累，一个似乎有些"大胆"的想法便开始在我的脑海中逐渐形成，那就是在管理学与艺术学之间是能够建立起直接关联的。

随着时间的推移，虽然这个想法已经在我的内心深深扎根，但由于受到各方面客观条件的限制，却始终没有机会能够让这一想法在学术研究层面得到进一步的探索、拓展、立论和验证。幸运的是，这个机会终于在2018年的夏天到来了。经过激烈的竞争，我有幸争取到了学校的一个公派出国深造的机会,于同年9月赴韩国又石大学攻读博士学位,并在那里遇到了我的恩师宋在薰教授。在我求学韩国的岁月里,不论是在学术研究中还是在日常生活上,宋教授都给予了我极大的关怀和帮助,在举目无亲的异国他乡,因为有了宋教授如家长一般的关爱和照顾,我在韩国的求学生活倍感踏实和温暖,学术研究也得以平稳顺利地开展并最终成果丰硕。同时,也正是在宋教授不遗余力地鼓励与支持下,我才能够实现自己内心中那个本不成熟的想法,由最初的一个简单假设到最终的一篇结构合理、逻辑清晰、论证充分的博士论文的转变。

犹记得与宋教授一起确定论文题目时的情景,那也是我第一次向他说出自己在题目方向上的想法。虽然在与他当面交流之前,我还为自己准备了几个其他方向的备选题目,以便在"第一选题"受阻之时还留有退路。但是,经过再三考虑之后,我最终还是决定将其他的选题方向先"雪藏"起来,这一次就为自己在管理学与艺术学之间建立直接关联的选题方向去"孤注一掷"地搏一回。然而,出乎意料的是,我之前所充分准备好的用于坚持和游说的说辞几乎都没有派上用场。虽然在我提出自己的想法之后，宋教授出现了片刻的迟疑，并向我明确指出了该选题方向所可能面临的风险，但是，当他听我说完选择的理由之后，再没有进一步地进行阻拦，而是非常痛快地准许了。在这样一个良好开端的基础上，为了更有利于后续研究工作的开展，我们将题目的范围限定在"企业凝聚力"和"表演艺术"这两个管理学与艺术学各自的切入点上，并在研究内容中进一步具体到凝聚力影响因素和戏剧、影视的表演艺术。最终，在宋教授自始至终的鼓励、关怀、指导和帮助下，我较为顺利地完成了博士论文的撰写工作，也就是这本专著的文字底稿，如期通过了论文答辩，获得了来之不易的博士学位。

学成归国以后，原本我并没有将自己的博士论文出版为学术专著的打算，但每一次与宋教授通电话时他所给予我的鼓励，以及我所挚爱的家人从始至终所给予我的鼎力支持，最终促使我做出了将博士论文重新进行编辑、整理并出版为学术专著的决定。在此，我要由衷地表达对我所有家人的感激之情。在国外求学期间，家里的一应大小事务都是由他们在承担，为我专心于学业提供了充分的保障；在为了出版专著而重新编辑、整理博士论文的过程中，我需要有足够的时间和空间来进行持续的伏案工作，也是他们为我提供了一个良好而安心的环境。可以说，我所取得的每一分成绩，都是因为有他们在我身后的默默付出和坚强支撑，否则我现有的一切都将无从谈起。

最后，我要感谢正在阅读这本书的你。因为从你选择这本书并决定翻开它的那一刻起，就已然给予了我莫大的鼓励与肯定。虽然我无法承诺你在完成本书的阅读之后能收获几何，但我可以肯定的是，通过字里行间你一定可以感受到我满满的真诚和为了这本书的编辑、整理、定稿乃至最终的出版所付出的艰辛和努力。假如你能够在阅读本书的时候有着足够投入的状态，那么你还可以跟我一起去试着体验一场探索管理学与艺术学之间建立直接关联的旅行。在旅途中，那每一步如同"摸着石头过河"一般的"大胆"尝试，那每一个被提出的将表演艺术知识融入企业凝聚力提升的"新鲜"观点和方法，还有那每一个依据调研和访谈得到的数据与信息所分析归纳出来的"有趣"结果，都能够让你真切感受到在原本枯燥的学术研究中其实也包含着诸多乐趣。哪怕你无法从头至尾对本书进行完整地阅读，哪怕你只是对自己感兴趣的章节段落进行选择性地阅读，也同样请相信我，凡是你所读到的内容，不论多少，都是这场旅行当中不可或缺的重要组成部分，同样能够带给你有益的思考和启示。

来吧，现在就让我们一起来开始这场"大胆""新鲜"而又"有趣"的学术研究之旅吧。

2022 年 11 月 11 日

作者于熙馨阁

目 录

序　章 ··· 1

第一章　管理是一门"艺术" ······················· 1

第二章　管理与艺术各自切入点的选择 ············· 15
　第一节　切入点的最终确定 ······················· 18
　第二节　有关企业凝聚力的相关研究概述 ········· 22
　第三节　有关表演艺术的相关研究概述 ··········· 32

第三章　企业凝聚力影响因素的界定 ················· 39
　第一节　西方学者对凝聚力影响因素的界定 ······· 43
　第二节　东方学者对凝聚力影响因素的界定 ······· 50

第三节 与表演知识相适应的企业凝聚力影响因素的最终界定 …… 66

第四章 与企业凝聚力影响因素相适应的表演艺术知识理论 …… 75

第一节 与"精神激励"因素相对应的表演学知识理论 …… 77

第二节 与"沟通"因素相对应的表演学知识理论 …… 85

第三节 与"群体氛围"因素相对应的表演学知识理论 …… 93

第四节 与"领导方式"因素相对应的表演学知识理论 …… 103

第五节 与"以人为本"因素相对应的表演学知识理论 …… 116

第五章 "企业凝聚力与表演艺术"理论模型的建立 ……………………………………………………………123

第六章 借鉴表演艺术理论知识提升企业凝聚力的方法 ……………………………………………………………129

 第一节 加强精神激励的方法……………………131

 第二节 加强沟通的方法…………………………143

 第三节 改善企业群体氛围的方法………………154

 第四节 改善管理者领导方式的方法……………168

 第五节 强化以人为本的方法……………………180

 第六节 借鉴表演艺术提升企业凝聚力方法的总结 ……………………………………………………188

第七章 问卷调查与数据的统计分析………………191

 第一节 问卷的设计与预调查的开展……………193

 第二节 正式调查和数据分析……………………204

第八章 访谈工作的开展 …………………………………239

第九章 总结与展望 ………………………………………251

 第一节 本研究的最终成果和结论 …………………253

 第二节 本研究的创新性和贡献………………………259

 第三节 本研究的局限性和对未来研究的展望 ……261

参考文献 …………………………………………………267

附 录 ……………………………………………………278

序　章

"管理既是一门科学，也是一门艺术。"这一观点不论是在当今的管理学术界还是在管理工作的实践领域，都得到了普遍认可。而随着经济和社会的发展，我们所生存的外部环境瞬息万变，科技的发展及其对生活的影响日渐深入，各种信息资源通过传统与新媒体平台以超乎想象的速度和范围进行着传播和分享。在这样的时代背景下，人们的自我追求、对生活的理解、自我表达的方式、看待及处理问题的思维习惯等等，都变得越来越丰富多样，个性鲜明。特别是90后、00后陆续步入社会，这一与网络信息时代无缝对接、受数字信息技术、即时通信设备、智能手机产品等影响较大，有着个性鲜明、视野开阔、理性务实、独立包容等一系列"新生代"特征的群体，让各行各业的管理者深刻感受到以往的管理经验和培养范式变得愈来愈难以奏效，从而愈发意识到并逐步认识到在当下的管理工作中，运用年轻人所接受并认同的"管理艺术"的重要性。

而说到"管理艺术"，不论是现有的研究、著作、文章，还是理论、观点、经验等等，大多将"艺术"限定在管理学的范畴之内展开，更多的是将"艺术"理解为管理的一种手段或技巧。但是，当人们提及"艺术"这个词语本身，却并不会在第一时间将它与管理进行关联，而是会首先想到音乐、舞蹈、表演、美术等这些"真正的"艺术专业和内容。那么，我们是否可以大胆地提出这样一个假设：那些"真正的"艺术专业和内容，与同样可以被看作是一门"艺术"的管理学之间，是能够建立某种对应关系的，将对管理学"艺术性"的理解，从原有的管理方法与技巧范畴扩展到专业艺术学的领域，进而赋予"管理艺术"新的含义。正是带着这样一个大胆的猜想并围绕这一开创性的问题，本研究开展了后期一系列的调查与研究工作，力图验证这一猜想，找到问题的答案，同时为管理学今后的交叉性研究探索出一个新的角度和思路。

　　不论是管理学还是艺术学，所包含的内容都是十分丰富的，都有着众多的分支专业和领域。因此，将管理学与艺术学之间建立关联的尝试是难以在二者之间全面展开的，所以需要以小见大、以点带面，从某一项具体的内容着手。而在管理学和艺术学之间，有一个概念能够将两者直接地联系在一起，那就是"文化"。企业文化作为一种新兴的企业管理方式，在企业管理工作的实践中越来越受到管理者的重视，发挥着越来越重要的作用，并被认为是继经验管理、科学管理之后，软化管理的一次新的飞跃，日益成为世界管理的大趋势。而艺术则是文化的一项重要内涵和组成部分，是文化的主要载体和表现形式。在确定了管理与艺术之间这一共同"交点"的基础上，本研究进一步分析了企业凝聚力在企业文化管理中的重要性以及表演艺术在艺术学中的代表性，并最终将企业凝聚力和表演艺术分别作为管理学和艺术学之间建立关联的两个切入点。据此，围绕企业凝聚力和表演艺术这两个切入点，以在管理学和艺术学之间建立直接的关联性作为总体目标，本研究需要对如下三个问题给出答案，分别是：

第一，管理的"艺术性"能否从管理技巧和方法的管理学范畴拓展到真正的、专业的艺术学范畴？

第二，在企业凝聚力和表演艺术之间能否建立起有着直接对应关系的理论模型？

第三，企业如何借鉴表演艺术理论在管理实践中实现企业凝聚力的提升？

在此基础上，本研究进一步确定了以下几个方面的具体研究内容：

第一，管理学和艺术学之间建立直接关联的可行性分析。通过对包括管理学在内的、尝试将相关社会科学与艺术学进行关联性研究的部分代表性先行研究成果进行分析和参考，以明确本研究将要开展的在管理学和艺术学之间建立直接性关联的探索性研究的可行性。

第二，确定能够与表演艺术建立对应关系的企业凝聚力影响因素。不同的学者从不同的角度对企业凝聚力影响因素的界定也是不同的。本研究将尝试通过对现有的关于企业凝聚力影响因素的研究成果进行归纳和概括，并以表演艺术的总体特征为参照，确定出具有普遍适用性的、能够与表演艺术建立对应关系的企业凝聚力影响因素。

第三，确定与企业凝聚力影响因素相对应的表演艺术理论。通过对一些较具有代表性的表演艺术理论，特别是对表演教学和演员培训过程中所用到的相关知识和方法的分析，找出其中能够与企业凝聚力影响因素建立对应关系的内容。

第四，构建"企业凝聚力与表演艺术"理论模型。以前两项研究内容的完成为基础，构建起能够直观表明管理学和艺术学之间可以建立直接关联性的"企业凝聚力与表演艺术"理论模型，为后续凝聚力提升方法的提出提供依据。

第五，提出借鉴表演艺术理论用于提升企业凝聚力的具体方法。依据本研究建立的理论模型，针对每一个企业凝聚力影响因素，借鉴每一项与影响因素相对应的表演艺术理论，尝试提出一系列从新的角度、以新的方式实现企业凝聚力提升的方法。

第六，验证企业员工对这些方法的认同度。通过开展问卷调查并对调查结果进行统计分析，了解企业员工对本研究所提出的每一项方法的认同度，以验证这些方法是否能够得到企业员工的普遍认可和接受，并了解具有不同个体特征的企业员工群体在认同度上所表现出的差异。

第七，分析不同个体特征的企业员工群体存在认同度差异的原因。通过进一步开展深入的访谈工作并对访谈的反馈信息进行归纳分析，得到有着不同个体特征的企业员工群体在认同度上存在差异的原因，为企业运用这些方法开展管理实践工作提供理论和决策上的参考。

据此，本书共包含十个章节。序章部分，从总体上介绍本研究开展的背景、研究的目的、研究的总体思路以及主要的研究方法等内容。第一章，对本研究开展的可行性进行了分析。第二章，对管理学与艺术学之间建立直接关联的切入点进行了选择。第三章，通过对先行文献的回顾和观点的比较，归纳出企业凝聚力的影响因素。第四章，则在国内表演教学、演员培养、舞台戏剧和影视表演的实践中，所主要使用的、较具有代表性的表演艺术理论与相关知识的内容里，找出与企业凝聚力影响因素相对应的内容。在此基础上，本书的第五章将构建"企业凝聚力与表演艺术"理论模型,而第六章将以此模型为依据,提出一系列借鉴相应的表演艺术理论的企业凝聚力提升方法。为了验证本研究所提出的这些借鉴了表演艺术的企业凝聚力提升方法能否得到企业员工的普遍接受和认可,以及性别、年龄、学历、收入水平等因素对认同度所产生的影响,本研究在不同行业的数家企业中对部分员工开展了问卷调查工作,并对调查结果进行统计分析。在第七章内容中,将对量表的设计、调研工作的准备与实施、调研结果的统计分析等进行详细的说明。第八章,针对数据的统计分析所不能解答的"为什么不同性别、年龄、学历、收入水平的企业员工对方法的认同度会存在明显差异"这一问题,进行了更加深入的面对面访谈,并通过对反馈信息的归纳和概括得出了这一问题的答案。最后,本书在第九章对本研究的主要结论和成果、理论与实际意义、存在的局限性以及对未来的展望等内容进行了全面的总结。本研究的总体开展思路,如图1所示:

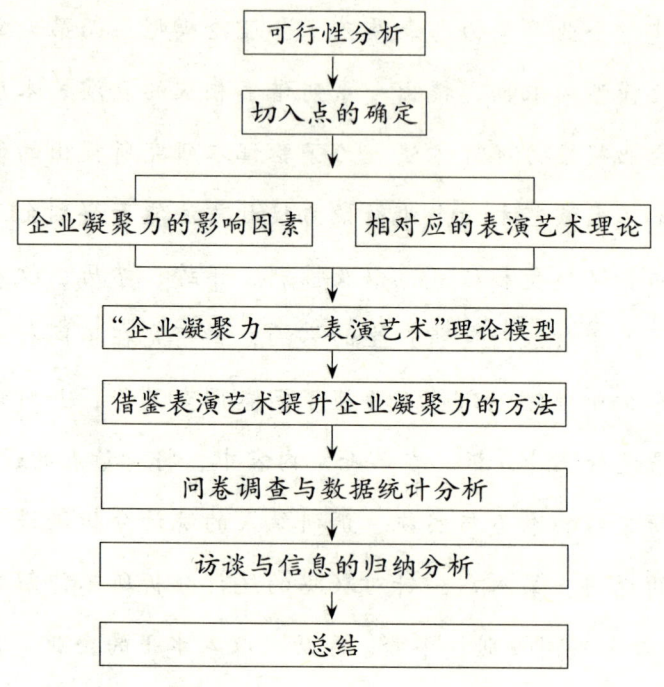

图1 研究开展的总体思路

本研究运用或涉及了管理学中的人力资源管理、企业文化、管理沟通等，艺术学中的表演学、导演学等，以及社会学、心理学等诸多学科的相关理论知识，借鉴了大量国内外相关研究成果，在研究过程中既注重理论演绎，又重视实证检验，所使用到的研究方法主要包括：

第一，文献研究。通过查阅众多文献，进而对研究对象和研究内容进行了解和证明的一种研究方法。本研究针对管理学和艺术学,特别是企业凝聚力影响因素和表演艺术,查阅了大量东西方文献资料,并对先行研究成果进行了归纳和概括,为本研究的开展提供了文献参考和理论依据。

第二,比较分析与归纳。比较分析法是旨在通过不同事物的比较过程来对所研究的对象做出正确评价,从而认知研究内容的本质规律的一种研究方法。本研究通过比较分析大量相关的文献资料和先行研究成果,归纳出具有普遍适用性的企业凝聚力影响因素;再通过与表演艺术特征的比较分析,进而归纳出这些因素和表演艺术理论中,彼此适合建立直接对应关系的内容。

第三,模型构建。根据比较分析与归纳出的企业凝聚力影响因素和与之相对应的表演艺术理论,本研究构建了"企业凝聚力与表演艺术"的理论模型,直观表明了二者之间的直接关联性。

第四,问卷调查法。问卷调查法就是以问卷的形式间接收集调查对象原始数据的一种调查手段和方法。针对本研究中所提出的一系列借鉴表演艺术理论提升企业凝聚力的方法，通过调查问卷的设计和问卷调查的开展，收集到不同行业内，有着不同个体特征的企业员工和管理者群体，对这些方法的接受度与认可度的相关数据。

第五，统计分析。对问卷调查工作收集到的数据进行统计分析，得出问卷调查所采集的数据能够反映出的调查样本对本研究所提出的凝聚力提升方法在接受度、认可度上的结果，以及性别、年龄、学历、薪资水平等不同个体特征因素对样本主观态度造成的差异情况。

第六，访谈。问卷调研数据的统计分析结果反映出"高年龄、低学历、低月收入样本的认同度相对较低"这一现象，但却无法给出造成这一现象的原因。因此，本研究对部分参与了问卷调研的、符合特定群体特征的企业员工进行了更加深入的面对面访谈，通过对访谈反馈信息的分析以得出产生这一现象的背后原因。

总体上，本研究作为将管理学与艺术学建立关联性的一次全新尝试与大胆探索，是具有一定的理论价值和实际意义的。一方面，本研究创新性地构建了第一个将管理学与艺术学之间建立关联性的理论模型，为管理学今后的交叉性研究提供了一个新的角度和思路；另一方面，本研究所提出的一系列借鉴了表演理论以提升企业凝聚力的方法，为企业加强文化建设，做出提升凝聚力的管理决策以及开展相关实践工作提供了支持与参考。

第一章

管理是一门"艺术"

管理既是一门科学，又是一门艺术。关于这一观点，不论是在当今的管理学术领域还是在管理实践领域，都已经达成了普遍共识。来自布拉德利大学的亚伦·布奇科博士表示：管理是一门艺术还是一门科学？显然，正确的答案是"两者都有"，管理包含科学和艺术的元素。至于是哪一位学者最早提出这一观点的，目前也有两种意见：第一种认为福莱特曾给管理学下了一个经典的定义，即"通过其他人来完成工作的艺术"，其在这一定义中将管理视为艺术；第二种认为德鲁克在《新现实》一书中将"管理"称为一门"综合艺术"。然而，不论是谁、从何时开始将管理学看作是一门艺术,可以肯定的一点是,直到今天我们所研究的"管理艺术"几乎都是关于管理的实践方法和应用技巧。有学者曾经对现有"管理艺术"的研究进行过总结,共涉及四个方面,包括:本体论,将管理活动本身看作是一种艺术;技能论,将管理艺术看作是一种技能与技巧;方法论,将管理艺术看作是管理方法,或者创造性地解决途径;素质论,将管理艺术看作是管理者的素质与素养。从以上四个方面的内容可以看出,"管理艺术"主要是为了实践和应用。然而,当我们提及"艺术"这个概念的时候,可以肯定的是在绝大多数人的脑海中首先浮现出来的绝对不是"管理",而是像音乐、美术、舞蹈、表演等这些较为专业的、通识性的艺术概念。因此,是否可以从这些艺术学领域出发,在"管理"中向音乐、美术、表演等相关艺术学科的专业理论或知识进行借鉴,并与之融合,使管理学的"艺术性"得以延伸,或者说,让管理学的"艺术"更加接近"真正的艺术",就成了一个引发笔者思考并进行深入挖掘的问题。

　　本研究认为,现有的很多研究已经给管理学戴上了一顶"艺术"的帽子，而且管理学作为一门公认的、有着广泛包容性的交叉性学科，是可以与艺术学领域的理论和知识，特别是与戏剧或影视剧表演艺术之间建立某种程度的联系的。而在现有的相关先行研究中，一些学者和管理者也在将包括管理在内的相关社会科学与表演之间关联性的问题上进行了多方面的探索，他们的研究成果不仅为本研究的开展提供了相应的理论依据，同时也为本研究将要进行的在管理学中的企业凝聚力与艺术学中的表演艺术之间建立起直接关联的可行性提供了有力的支撑。这其中较具有代表性的一些观点包括：

陈标杰认为，管理和表演有着共同的原则，那就是都需要一个知人善任的导演，能够全面洞察现场情况，以最佳的方式领导着团队工作的进程。在这点上，可以肯定地讲，管理就是一种表演。陈昌茂将"表演理论"引入到星级酒店管理当中，认为酒店服务产品是表演出来的，并提出了服务产品表演理论的体系结构，认为把表演理论引入星级酒店管理，作为美学管理的理论与实践，有着重要的现实意义。上述两种观点也是在现有研究中，较为少有的直接将管理学理论与实践同表演艺术建立直接关联的。

陈建成将中国的书法艺术与管理艺术进行共享，认为从事管理活动在很大程度上与书法家从事的艺术活动具有相同的精神内涵，而书法艺术也具有管理活动相通的功能性追求，两者的终极目标也是相似的：管理者要完成"管理艺术品"，而书法家要完成"书法艺术品"。并从书法的布局谋篇和管理的战略规划、书法的轻重缓急和管理的资源配置、书法的尚异求变和管理的组织变革几个角度展开论述。这是将管理学和书法这种东方特色艺术相结合的探索和尝试。

李满江也尝试了将表演理论引入到管理学当中，不过不是引入到企业的管理实践中，而是引入到了管理学的教学实践当中，提出将情境表演教学法应用于管理学的教学过程。他认为：根据学习心理学理论，像管理学类型课程的学习需要在情感、感知、感觉等方面得到刺激才能有收获效果。因此，在管理学教学中运用情境表演法，根据教学目标设计相关场景和表演主题，指导学生自行完成相应表演，从而有效引发感觉认知系统做出反应，在情境中思考、获得相关知识，以达到良好的教学效果。并指出了将情境表演教学法应用到管理学教学中的优点、实践要求和需要注意的问题。

以上是国内学者在管理学与艺术学之间建立关联性尝试的部分较具有代表性的观点和研究成果。虽然这样的尝试和探索相较于管理学其他层面的研究是较为匮乏的,但这些先行研究依然为本研究的开展提供了有力的理论支撑。

而在西方学者的相关研究中,美国著名社会学家、符号互动论代表人物欧文·戈夫曼的戏剧理论(或称"拟剧理论"),则为开展本研究的可行性提供了有力的证明。

在欧文·戈夫曼于1959年首次出版的《日常生活中的自我呈现》一书中,将戏剧语言引入到社会学分析当中,提出了人际交往中的"舞台""剧组""剧本"和"表演"等相关概念,该理论用表演说明日常生活中人与人之间的相互作用:把社会和人生比作是一个大舞台,把全体社会成员比作在这一舞台上扮演不同角色的演员,认为他们在社会互动中表现自己,努力把握自己给他人形成的印象,也就是说,社会成员作为这个大舞台上的表演者都十分关心自己如何在众多的观众（即参与互动的他人）面前塑造出可以被他人接受的形象，并使这种形象能够最好地为自己所要达到的目的服务。戏剧理论将社会生活和人生比拟为一出戏剧，个体是戏剧表演中的一员，个体依据具体的戏剧场景与角色规范进行表演并实现个人目标。

该理论所使用的戏剧术语主要有：剧本期望、剧组成员、表演行为、表演区域（前台和后台）等。其中，剧本期望是一种内化到个体的社会规范与社会准则，是社会成员在长期互动过程中形成的相互遵守的行为规范，是个体在漫长的社会互动过程中的角色规范与戏剧台本。戈夫曼认为，人们在社会生活中以不同的角色、在不同的场次进行着两种形式的表演，当剧本（即预想的方式）清晰、明确、完整时，就按照剧本表演，而当剧本不足够清晰、明确和完整时（即比预期的情况更加复杂或发生意料之外的变化），就要随机应变，临时创作。剧组成员则是指参加戏剧表演过程的一群合作者，他们相互合作以保持戏剧的持续进行。表演行为则是个体在戏剧过程中的自我行为管理，按照各种角色规范、场景以及前台的要求来进行表演，通过戏剧来实现各自目标，并使整个戏剧持续进行下去。譬如在实际工作生活中，团队中的领导与下属便是整个剧组成员，他们在戏剧表演过程中通过合作来保持戏剧的持续进行。下属对领导的迎合行为就是其作为演员的表演行为，表演结果便是个体的收益，即个体的职业成功。

在该理论所使用的一系列戏剧术语中，对于表演区域的引用和解释是能够较为突出地体现出戈夫曼所提出的"人生是一场表演，社会是一个舞台"的戏剧论观点的。所谓表演区域，是一种表演舞台，由表演场地、演员外表、言谈举止等构成，并有前台和后台之分。前台是让观众看到并从中获得特定意义的表演场地，是人们在前台所呈现出的能够被他人（观众）和社会所接受的形象。后台是相对于前台的概念，是"演员"为前台的表演做准备的场地，同时用后台来掩饰在前台所不能展示的内容。在后台，人们可以放松、休息，以补偿在前台区域的紧张，同时人们也会在这里藏匿那些难以被他人和社会接受的形象。戈夫曼指出，前台与后台之间可以是但却不一定是一成不变的固定地方。例如：对于一个组织的成员来讲，工作场所即是前台，所有成员要按照组织的规则开展工作，而在非工作时间成员们去休息和交流的地方则是后台，这种情境下前台和后台是相对固定的。但是，当情境发生了某种变化，同一个地方就有可能在前台与后台之间发生转变，即前台（后台）变成了后台（前台）。再比如：组织成员在非工作时间回到家中就是进入了后台，在夫妻之间由于家庭琐事发生矛盾进而产生争吵时，如果有其他人员在此刻来访，则他们会即刻停止争吵，并向来访者展现出家庭和睦的形象，这种情境下后台便转变成了前台。戈夫曼同时指出，虽然前台和后台在特定的情境下会发生变化或转换，但人们却不可以把前、后台行为弄混，即前台行为不可以展现于后台，后台行为也不可以展现于前台，而是应该在不同的场合表现出该场合应有的行为，而对于行为是否合适的判断标准则是社会的规范，也就是社会对于每种角色行为的规定。一个社会成员如果被认为是成功的，那么他就要准确地判断场合，并知道在该场合应该怎么做，用适当的方式去行动。事实上，在日常活动中的

"观众"们往往知道表演者存在前台和后台两种行为方式,但他们却很少去怀疑表演者在制造虚假印象,或去故意揭穿表演者针对不同场合所表现出的刻意行为,甚至有时还会对表演者某些无意的、不合适的行为"有意地视而不见",以共同维护双方的颜面。原因则在于在表演者与观众的社会互动中,观众其实也是表演者,他们同样能够意识到自己在特定的情境下应该做什么,即选择自己所展现出来的行为应该是前台行为,还是后台行为。

以上欧文·戈夫曼所提出的戏剧理论核心观点的形成与系统化,将戏剧舞台的特有语言引入社会学,用戏剧语言来分析日常生活中人们的互动、交往,这是对社会互动分析旧有模式的一大突破,开辟了社会学学科新的研究领域。他提出的前台后台、印象管理策略等概念,对人们成功扮演自己所承担的社会角色具有积极的启示和借鉴意义。该理论不仅丰富了社会心理学和微观社会学的研究视角,对社会学学科领域产生了重要而深远的影响,更是对教育学、心理学、传播学等其他社会科学的诸多学科领域产生了重要的影响,在理论与实践研究中得到了广泛的参考和借鉴。而管理学作为一门综合性的交叉学科,是社会科学的重要组成学科,与经济学、社会学、心理学等学科都有着密切的关系,因此,管理学与戏剧理论之间同样可以建立密切的关联。事实上,戏剧理论的部分核心假设与观点就直接包含着涉及管理学相关概念的交叉内容。例如:戏剧中包含剧本、导演、演员、舞台、观众等一系列戏剧元素,戈夫曼的戏剧理论用戏剧类比人生,因此在社会生活这个大舞台上,也相应地存在着类似的戏剧因素。其中,对于"导演"这一元素的解释就是指各种管理情境下的管理者或决策者。此外,戈夫曼在戏剧理论中还直接提出了"印象管理"的概念,即"人们是为了能够在他人心目中塑造出一个自己所希望的印象而进行表演的",印象管理就是表演者设法在他人心目中塑造出自己预期印象的过程,或者说当观众观察表演者时,表演者对如何表现自己而进行决策和行动的过程。同时,戈夫曼还提出了印象管理的四个策略,分别是理想化表演、神秘化表演、误解表演和补救表演。其中，补救表演又包括表演者自身的补救、观众和局外人的补救、表演者对观众的补救和观众对表演者的补救四种策略。此外，有学者也在管理学的相关研究中，尝试通过戏剧理论的视角来分析和解决管理学领域中的问题。例如：李太、涂乙冬、李燕萍在《团队中的关系、迎合与职业成功》一书中，就基于戏剧理论的框架重新阐释了个体通过迎合行为来获得职业成功的影响机制，该研究中将职业竞技场比拟成为职业剧场，研究结果表明了个体在整个剧班中通过与领导互动而获得个体职业成功的影响机制。

综上所述，不论是其他学者尝试将管理学与艺术学之间建立关联的先行研究与探索，还是对社会学乃至社会科学中诸多其他学科产生了深远影响的戏剧理论，都为本研究的开展提供了重要的理论支持。而欧文·戈夫曼将社会学与表演艺术建立直接而紧密关联的戏剧理论，以及以该理论作为解释框架的管理学相关研究，更是有力地证明了在管理学与艺术学之间建立同样直接而紧密关联的可行性是较为充分的，同时，戏剧理论也为本研究的开展提供了有着重要参考价值和借鉴意义的思路和视角。因此,对于在序章部分所提出的"管理的'艺术性'能否从管理技巧和方法的管理学范畴拓展到真正的、专业的艺术学范畴?"这一问题,本研究所给出的答案是肯定的。

第二章

管理与艺术各自切入点的选择

不论是管理学还是艺术学,所包含的内容都是十分丰富的,有着众多的分支学科和专业领域。因此,将管理学与艺术学之间建立直接关联的尝试需要从二者所包含的丰富内容中,分别选择一项具体的内容作为本探索性研究的出发点。而基于企业文化在企业管理中越发突出的重要性,以及艺术作为文化的重要组成部分、主要载体和表现形式的突出代表性,"文化"这一管理学和艺术学之间共同的"交点"被确定下来,对管理学切入点的选择集中到了企业文化的范畴。然而,企业文化这一概念同样包含着丰富的内涵和内容,因此,对切入点的最终选择需要在企业文化与艺术的范围内进行进一步的确认。

第一节　切入点的最终确定

企业凝聚力是企业文化的重要组成部分，也是企业文化建设成效的重要载体与外在表现。20世纪80年代，日本学者名和太郎在其著作《经济与文化》中首次提出了企业"文化力"这一概念，即企业文化竞争力，而"企业精神的凝聚力"则是构成企业文化力的核心要素之一。而一个企业凝聚力的形成，是由三条纽带共同捆绑的结果，分别是：物质纽带、情感纽带、思想纽带。物质纽带主要指的是薪酬待遇和福利，情感纽带和思想纽带则都直接属于文化的范畴。当一个企业的文化价值观被该企业的成员所认同，这时的企业文化就会成为一种黏合剂，能够从感情、思想等各个方面让成员团结起来，并形成强大的凝聚力和向心力，这就是企业文化的凝聚力功能。而通过这种凝聚作用，员工就会将其个人的思想情感和前途命运与企业的发展、兴衰紧密地联系在一起，进而产生对企业的强烈的"归属感"，跟企业同呼吸、共命运。因此说，企业凝聚力既是企业文化的重要组成部分，也是企业文化的重要载体与外在表现。

表演作为一门艺术形式，有着悠久的历史。就西方而言，公元前6世纪中叶一种宗教祭奠表演活动从农村引入城市，之后逐渐发展完善，在公元前5世纪成了一种独立的艺术形式。自古希腊时期三大悲剧作家埃斯库洛斯、索福克勒斯、欧里庇得斯和喜剧家亚里斯多芬出现以后，演戏就是雅典每年祭神和文娱节的一个重要项目。戏剧和影视表演艺术自20世纪初传入我国之后经历了百余年风风雨雨的发展，已然在今天全面深入到人们的日常生活中。不论是在活动现场，还是在电视屏幕，抑或是在网络平台，乃至在戏剧理论视角下的人与人之间交往等等，表演几乎是无时无刻、无处不在地持续进行着。它是演员通过语言或者是肢体来创造一种空间，也是一个人塑造其他人的一种艺术形式。表演艺术的美学特征主要是通过演员的表演，把各类艺术的文学脚本所提供的间接形象转化为直观的形象,使人在欣赏演员绘形绘声绘色的表演中,如亲临其境、亲闻其声、亲见其形,产生情感交流,了解作品形象所反映的社会生活和思想内容,获得审美享受。与其他艺术形式相比,表演艺术的直观性决定了它和宣传事业的关系最直接、最密切,宣传效果最易在短时间内被接受。而在学术领域,"表演"(performance)一词从20世纪70年代以来已经成为许多非艺术类学科的关键词。如人类学、社会学、文学批评、法律研究、媒介理论、文化研究、女性主义理论、马克思主义、结构主义、后结构主义、后现代主义等学术或思想领域,都在不约而同地使用"表演"这一关键词。

　　由此可见,不论是企业凝聚力之于管理学,还是表演艺术之于艺术学,都有着突出且典型的代表性,并在各自的领域内发挥着重要的作用。因此,本研究最终确定将"企业凝聚力"作为管理学的切入点,将"表演艺术"作为艺术学的切入点,在后续的研究中以两个切入点作为在管理学与艺术学之间建立直接关联性的突破口,探索出"管理艺术"新的内涵和范畴。而在有关企业凝聚力和表演艺术方面的先行研究中,不仅有着丰富的理论与实践成果，而且对于企业凝聚力在管理领域、表演艺术在艺术领域内的重要性和代表性，均有着不同角度、不同程度的表述与论证，同时也进一步证明了本研究所选择的两个切入点的合理性和可行性。

第二节　有关企业凝聚力的相关研究概述

自勒温首次将"凝聚力"的概念运用于团队研究以来，团队凝聚力被广泛地应用于体育团队、学生团队以及工作团队等团队研究。他认为，团队凝聚力是促使团队成员团结在一起的力量，包括积极的吸引力和消极的排斥力。后来经过大量学者几十年的不断研究，积累了丰富的成果。包括凝聚力的概念、凝聚力的作用、凝聚力的结构维度、凝聚力的形成过程、凝聚力的影响因素以及凝聚力提高的方法，等等。对于这些先行研究的观点虽然目前在很多方面尚存在不统一的意见，但其中一些较具有代表性的观点依旧对本研究的开展起到了积极的指导作用。

首先，有关凝聚力概念方面的研究，在勒温之后有大量东西方的学者从不同的角度出发对凝聚力做出了定义。美国社会心理学家费斯廷格认为，团队凝聚力是团队留住其成员的总体影响力。美国管理学家史蒂芬·P.罗宾斯认为，组织凝聚力是群体成员之间相互吸引并愿意留在组织中的程度。但这一定义存在着较为明显的局限性，比如某些团队成员之间不一定相互吸引，甚至是相互厌恶的，但整个团队仍然可能保持凝聚力。英国心理学家鲁珀特·布朗认为，凝聚力是群体成员对群体观念、群体共识、典型的成员特征和行为的喜爱。也就是说，若群体成员深深认同于群体的主要特征（包括文化、阶层、目标等）和抱负，那么该群体在某种程度上就是有凝聚力的。

来自韩国的成允熙在总结和概括了诸多学者对凝聚力的定义之后得出如下结论：对凝聚力的定义主要有两种角度的观点，一种是凝聚力是团队对团队成员的魅力，另一种是凝聚力是团队内部的有效关系（或工作同盟）。不同的定义在基本观点上是相同的，但在两个基本观点（魅力和有效关系）的内容上，会因研究人员的不同而有所差异。

Albert V. Carron（凯伦）认为凝聚力是指团队成员为共同追求组织目标与任务达成，而紧密结合在一起的动态过程。之后不久，凯伦、韦德梅耶和博莱利一起，进一步提出了要明确团队凝聚力的含义，应区分以下两个方面。一是个人与团队范畴的凝聚力。从个人的角度来看，团队凝聚力指团队对个人的吸引力，即个人希望自己成为团队的成员，保持自己的团队成员资格。从团队的角度来看，团队凝聚力指个人对整个团队的看法，即个人对团队成员的亲近、相似和团结程度的看法。二是工作任务导向的凝聚力与人际关系导向的凝聚力。工作任务导向的凝聚力指团队成员实现组织目标的动力。人际关系导向的凝聚力指团队成员建立与保持社交关系的动力。

　　在本研究中，更倾向于由凯伦提出的凝聚力是一个动态过程的观点，认为凝聚力是使企业或团队成员团结一致，为实现团队目标而共同努力的一种力量。

　　有关凝聚力对于企业发展重要性的研究，近些年以来，不论是学者还是企业经营管理者，对凝聚力在企业发展过程中所发挥的作用，都越发的重视和认可，凝聚力在企业和团队经营过程中的很多方面都体现着重要的价值。在今天的企业管理工作中，如何提高企业的凝聚力已然成为管理者需要考虑的最为重要的问题之一。

有欧美学者认为，企业凝聚力对于理解团队运作不可或缺，在21世纪将继续成为组织管理研究的一个重要概念。美国学者珀德瑟科夫、迈肯泽和博默尔的实证研究结果表明，团队凝聚力可增强员工对企业的归属感。拥有较强凝聚力的团队，团队成员更可能相互吸引、彼此亲近、相互支持、共同合作，他们会因自己将团队工作任务的完成而产生积极的情感。

较高的凝聚力给组织带来的直接结果是组织目标的达成、组织成员的个人成就和满意感、组织成员之间相互交流数量和质量的提高等；而较低的凝聚力会使目标达成困难，会增加群体解散的可能性，造成成员间更少的交流以及个人主义。企业凝聚力既是判断行业内企业领导力和形象的重要标准，也是衡量企业工作效率、经济效益和企业发展空间的重要指标。提升企业凝聚力对于企业的发展至关重要。

林美珍对以往有关凝聚力作用的研究进行了总结，

并指出凝聚力对"员工的归属感、员工的工作绩效、员工的组织公民行为、员工的角色压力"都能起到重要的影响和作用。曾圣钧通过结构方程模型分析得出，团队凝聚力对组织公民行为、团队绩效都有正向的影响。尹佳淇则认为，凝聚力是企业员工一心所向、齐心协力的工作状态。一个企业如果没有凝聚力就无法完成企业的战略目标，严重阻碍企业的持续发展，因此凝聚力是维持企业生存与发展的必要条件，对企业潜能的发挥有巨大的影响。企业凝聚力相当于整体的力量，有巨大的潜力，是公司内部和谐、协调的工作方式。

  凝聚力对于企业的重要作用，不仅仅体现在企业内部，在企业与企业之间的战略联盟建立或企业并购实施中，同样有着极其重要的作用。凝聚力支撑着战略联盟的形成和发展，联盟间的凝聚力不断加强，推动了关键资源在联盟间充分共享，可以提高联盟整体的竞争优势。此外，凝聚力推动联盟企业间企业文化的融合，减少文化冲突；在并购过程中凝聚力强的企业能够处于强势地位，且在并购后能影响到对方企业。有凝聚力支持的强势的企业文化能够在并购后的企业人力资源整合和文化整合中发挥重要的促进作用，同时在整合中塑造和培育新的企业凝聚力，从而支持并购后企业在各类资源方面的优势互补，提高整体的规模经济效应和协同效应。

有关凝聚力的结构维度的研究，目前学界对团队凝聚力的维度构成存在争议。早期的研究多将团队凝聚力视为单维结构，鉴于单维观点难以探明团队凝聚力的内部构成及其作用机制，后续研究开始从多维角度探讨团队凝聚力的构成。米克达奇首次将团队凝聚力划分为社交凝聚力和任务凝聚力，认为团队凝聚力不仅来自团队内的人际关系，也来自于团队的任务目标。在此基础上，后续研究相继开发出三维甚至更多维度的团队凝聚力的结构观点。

吴一穹、陈颖颖、陶向明、顾琴轩四位学者汇总了从不同维度对凝聚力的结构进行研究的代表性观点，并汇总成表格，使这些观点能够被更加直观地进行比较，如表2-1所示。

表2-1 团队凝聚力的结构维度

类别	学者(年份)	具体维度
单维度	Back(1951); Cross & Martin(1952)	团队凝聚力
二维度	Mikdachki(1969); Zaccaro & Mccoy(1988)	社交凝聚力、任务凝聚力
	Bollen & Hoyle(1990)	团队归属感、团队士气
三维度	Beal, Cohen, Burke & McLendon(2003)	人际吸引力、任务承诺、团队荣誉
	Carless & Poala(2000)	任务凝聚力、社交凝聚力、团队吸引力
四维度	Yukelson, Weinberg & Jackson(1984)	团队吸引力、目标一致性、团队合作质量、有价值的角色
	Carron, Widmeyer & Brawley(1985)	团队任务整合、团队社交整合、团队任务对个体的吸引力、团队社交对个体的吸引力
五维度	Li yanchun & Cao Weiguo(2011)	价值认同、人际和谐、领导魅力、组织标准、利益共享

续表

类别	学者(年份)	具体维度
六维度	Siebold(1999)	领导关怀、团队工作、领导胜任力、伙伴粘合力、自豪感和共享价值观、需求和目标的实现
	Li Hai, Zhang Mian & Li Bo (2010)	任务协作、人际和谐、价值认同、利益共享、员工向心力、领导凝聚力
七维度	Martens, Landers & Loy (1972)	友谊、愉悦、团队合作、亲密感、团体内的个人影响力、归属感、团队成员资格的价值

来源：吴一穹、陈颖颖、陶向明、顾琴轩：团队凝聚力研究现状探析与未来展望，工业工程与管理，2016.21(6)

有关凝聚力影响因素的研究，相比关于凝聚力其他方面的研究是相对较少的。西方学者对于凝聚力的研究大多集中于凝聚力的概念、结构维度以及凝聚力产生的作用和影响上面。凯西坎贝尔和马腾斯就指出，企业管理学术界极少探讨团队凝聚力的影响因素，也就很难为企业管理人员增强团队凝聚力提出具体的建议。在现有的西方学者有关凝聚力影响因素的研究中，较具有代表性的观点包括：布拉滕在对凝聚力的多维度研究中，强调团队的激励和团队的管理制度对凝聚力建设的影响。哈里斯和哈特曼在他们的著作《组织行为》中详细讨论了群体决策和领导方式对于凝聚力影响的作用，认为领导采用什么样的领导方式对于一个团队向心力大小有很不同的影响作用。罗伯特·M·摩尔三世在针对团队凝聚力的影响效果的研究中也认为激励是凝聚力的重要影响因素。

东方学者对于凝聚力影响因素方面的研究，在近些年来也取得了一定的成果。韩国学者权基成将企业凝聚力的影响因素概括为"成员相互作用的频度、集团的规模、同质性和异质性、态度与价值观、成员的目标与存在感、在集团中的地位、外部的影响、资源的丰富程度（金钱）"。曾圣钧认为，影响凝聚力的因素包括但不限于成员的相似性、群体规模、激励、群体目标和领导方式。吴学刚在其著作《凝聚力》一书中，从"高尚品格、共同愿景、团结合作、企业文化、协调沟通、有效激励、以人为本"七个方面概括了凝聚力的影响因素。而对于企业凝聚力的影响因素，笔者将在本书的第三章中进行更加深入的分析和探讨，因此在本章节中，对有关企业凝聚力影响因素的先行研究观点不进行详细列举和论述。

而有关提高凝聚力方法的研究，往往是与凝聚力影响因素的研究相对应的。例如，在上文中引用到吴学刚所提出的七个方面的凝聚力影响因素：高尚品格、共同愿景、团结合作、企业文化、协调沟通、有效激励、以人为本。与此相对应的，他同样提出了提升企业凝聚力的方法，包括：与高尚品格相对应的信守承诺，身体力行；与共同愿景相对应的启动远景规划，制定科学的行动策略；与团队合作相对应的培养员工归属感，营造良好氛围；与企业文化相对应的培育创新文化，妥善处理冲突；与协调沟通相对应的耐心倾听，积极当面交流，建设沟通渠道；与有效激励相对应的通过授权以激发责任心，情感与高薪激励；与以人为本相对应的形成平衡互补的人才结构，让员工与企业一起成长；等等。鉴于绝大多数与凝聚力提升方法相关的研究路径都与此相类似，并且在内容上对本研究开展的借鉴意义较为有限，因此在本书中不再对其他研究成果的观点进行罗列和概述。

第三节　有关表演艺术的相关研究概述

　　对于表演的概念，也有广义和狭义之分。以从事表演研究和"环境戏剧"的实验而著称的理查德·谢克纳指出，广义的表演是"一个带有广泛基础的新学科而不是仅仅研究戏剧或演剧。表演研究从事的是探索从戏剧、舞蹈、音乐到仪式、运动游戏以及日常生活的表演（角色扮演）整个表演范畴"。他所说的"角色"是极为宽泛的概念，指的是广义的角色，包括日常生活中各种各样的、远超戏剧角色的范围。而狭义的表演，是某些人为了吸引注意、带来娱乐、启发心智或者唤起参与而采取的一个或一连串行动。我们把那"某些人"叫作"观众"。而当下对于表演艺术最常用到的概念解释则是，表演艺术是由表演艺术家完成的直接诉诸人的视觉、听觉的艺术种类。泛指必须通过表演完成的艺术形式，如音乐演奏、演唱、舞蹈、曲艺等。专指演员在电影、电视剧、戏剧中创造角色的表演。本书中所涉及的表演艺术，就是专指演员在电影、电视剧、戏剧中创造和塑造角色的表演艺术，并且将影视表演相关的理论知识和戏剧表演相关的理论知识合称为"表演艺术理论"。而之所以将戏剧表演和影视表演合并为一个整体概念进行分析研究，主要的依据就是这两者之间同出一源的紧密关联：戏剧表演艺术有着悠久的历史，早在公元前4世纪，亚里士多德就在《诗学》中表述了对戏剧本质的认识。影视表演则是脱胎于戏剧表演，在20世纪50年代才被公认为是一种独立的艺术，戏剧表演是影视表演的"先行者"。影视表演传承了戏剧表演当中的很多技巧以及原则。二者在表演艺术的本质追求上是一致的，都是通过表演者的再创造，将文字剧本展现出来，以求达到人们对于真实之美、善意之美以及美好之美的诉求，这也是包括表演艺术在内的一切人类文明最基本的着眼点和最终归宿。此外，二者在对演员的培养和要求上，在对生活展示的真实性和贴近性上，以及艺术形式的综合性等方面，都有着紧密的关联和相似性。

　　在有关表演艺术的先行研究中，主要集中于表演专业的教学领域以及对演员表演能力提升的方法上面，并且大多是用早期理论的继承和发展，来指导今天的表演教学与实践。较具有代表性的研究包括：斯坦尼斯拉夫斯基表演理论研究、布莱希特表演理论研究、谢克纳表演理论研究、美国方法派表演理论研究，等等。在当今对表演理论不断进行研究和讨论的发展进程中，即便派生出许多的分支领域和不同的派别，但几乎都包含着早期几大表演理论体系的基因。其中，在世界戏剧表演史上有着重要地位的斯坦尼斯拉夫斯基表演理论，对其研究的成果是最为丰富的，特别是对我国表演艺术的影响极为深远。

　　在我国，斯坦尼斯拉夫斯基的著作《演员的自我修养》被称为"演员的圣经"。李贵森认为，斯坦尼斯拉夫斯基的理论包括行为、"假使""规定情境"、想象、舞台注意力、肌肉松弛、部分和任务、真实感和信念、情感记忆、交流等多个方面。理论核心是要演员深入生活，积累生活中的各种情绪体验记忆，也就是需要演员的头脑中必须要存储对过往生活的经历和情绪的各种记忆，以备演员在担任各种角色时进行调用。祖存基把斯坦尼斯拉夫斯基表演体系的要点概括为十个方面，包括：

一、强调演员必须揭示角色的内心世界。

二、强调整体一台戏，角色虽有主次，但演员无大小，强调剧团整体配合。

三、舞台表演必须以剧本为纲，演员的表演和导演的舞台调度、对角色的阐述必须服从剧作家的创作意图。

四、演员每接受一个新的角色时，必须有意识地进行训练，以便从"自我"变为"非我"，演员在排练与演出的一段时期内，应该变成另一个人。

五、演员在舞台上应该正确处理"自我"与"非我"的关系，必须忘记"自我"，要以角色的"非我"作为舞台活动的逻辑出发点。

六、为了激发演员的内心活动，启发他们在舞台上进行创造性的表演，演员的表演应该自然天成，符合角色自然发展的规律，符合生活的逻辑。

七、演员应该"爱自己心目中的艺术，而不是爱艺术中的自己"。

八、演员的表演应该建立在"体验艺术"的基础上，而不是建立在"表现艺术"的基础上，注重于再现角色的真情实感，比追求角色外表的感情变化更重要。

九、演员的职业是极其崇高的，演员的日常生活必须与其职业行为相协调。

十、运用巴普洛夫条件反射理论来研究演员进入角色的方法——有机化感情法，以便能随时唤起演员对角色内心感情的自然流露。

在对他的理论进行继承的基础上，我国的表演艺术学者和工作者发展并总结出了具有自身特色的表演教学与演员培养的一系列理论与实践成果。例如：梁伯龙、李月在著作《戏剧表演艺术》中指出："一般来说，要想成为一个称职的演员，最起码应该具有'七力'与'四感'，即敏锐而细致的观察力，积极而稳定的注意力，丰富而活跃的想象力，敏锐而真挚的感受力，真实、准确而合理的判断与思考力，灵敏而细腻的适应力，鲜明的形体和语言的表现力；真挚的信念和适度的真实感，善于捕捉人物特征的形象感，幽默感，以及适应角色和剧情发展所需要的节奏感。"北京电影学院教授林洪桐的著作《表演艺术教程——演员学习手册》的上篇中，从表演的实质、表演的基础元素、表演的动作、形象塑造等几个维度上，对演员与角色的统一、肌体控制、真实感与信念、交流与适应、情境规定等诸多方面总结和提出了相应的理论。

与上述表演理论相对应的，这些学者提出了具有针对性的、应用于表演教学和演员培养的表演实践的方法与技巧。在《表演艺术教程——演员学习手册》的下篇中，林洪桐针对在上篇提出的理论，从十四个方面提出了表演基础练习方法。梁伯龙、李月则针对他们提出的"七力四感"，从松弛与控制训练、注意力训练、想象力训练、信念与真实感训练、感受力与适应力训练、观察与模拟训练、形体和语言表现力训练、综合训练八个方面提出了演员素质训练和提升的练习方法。

表演艺术发展到今天，每个国家、每个学派，甚至是每一个导演、演员，在表演艺术上都可以形成有着自己鲜明的国家、民族、文化特征的表演形式、表演特色乃至表演艺术理论和实践方法。同时，由于受到科学技术快速发展的影响，更是给表演艺术在场景构建、摄影、特技、特效等许多方面带来了日新月异的改变，进而不论是表演教学还是表演实践，都时刻面临着新的尝试和挑战，促使表演艺术的理论不断地调整和更新，以应对新的要求。因此，本书无法将所有关于表演艺术的理论知识进行全面地归纳和概括。根据本研究工作开展的实际需要，同时鉴于斯坦尼斯拉夫斯基理论体系在世界戏剧表演史上的重要地位和作用，以及该理论对我国表演艺术的发展所带来的不可替代的深远影响，本书将在第四章中，主要对在我国的表演教学及演员培养的领域内，所涉及和运用到的一些较具有代表性的、继承和发展了斯坦尼斯拉夫斯基理论体系的表演理论或实践方法，进行更加深入的、与企业凝聚力的影响因素相对应的比较分析。

第三章

企业凝聚力影响因素的界定

第三章　企业凝聚力影响因素的界定

本书序章中所提出的最终要得出答案的三个问题中的第二个问题，是"在企业凝聚力和表演艺术之间能否建立起有着直接对应关系的理论模型？"而要给出这个问题的答案，就需要先后完成两个"基础"工作，即确定与表演艺术相适配的企业凝聚力影响因素，以及确定与这些企业凝聚力影响因素相对应的表演艺术理论。在本章中将首先完成"确定与表演艺术相适配的企业凝聚力影响因素"这一项"基础"工作。

来自西方和东方的不同学者，由于受到研究环境、学术背景、文化差异、思维方式、研究目的等多种因素的影响，在对凝聚力的影响因素进行界定时，会存在较为明显的差异性。但是，这种差异并不是完全绝对的。换句话说，不论在世界上的哪一个国家的哪一种社会背景（包括政治、经济、文化等）下，也不论具体到哪一个行业的哪一家企业，总有一些影响企业凝聚力的因素是所有相关的学者或企业管理者都需要进行研究和特别重视的。在本书中，这样的企业凝聚力影响因素被称为普适性企业凝聚力影响因素。由于在本研究中将试图把表演艺术的相关理论和实践方法，被合理、科学、普遍地应用到企业或团队的凝聚力管理工作当中，意图为绝大多数的企业或团队实现自身凝聚力的提升来提供依据，因此，本研究将在对有关企业凝聚力影响因素的现有文献和研究成果进行回顾和比较分析的基础上，分别对东西方学者有关企业凝聚力影响因素的先行研究中一些较具有代表性的观点进行归纳和总结，找出其中所包含的那些"都需要进行研究和引起特别重视"的共性内容，并最终确定出一组普适性的企业（团队）凝聚力影响因素。

第一节　西方学者对凝聚力影响因素的界定

虽然西方学者对凝聚力的研究已经有半个多世纪的历史，但正如一些西方学者自己所表述的那样，西方"企业管理学术界极少探讨团队凝聚力的影响因素"。因此，对于凝聚力影响因素的研究起步也相对较晚。

在前面章节的论述内容中，我们已经将几位西方学者对凝聚力影响因素的观点进行了介绍，包括：布拉滕、哈里斯强调团队的激励和团队的管理制度对凝聚力建设的影响；哈里斯和哈特曼认为领导采用什么样的领导方式对于一个团队向心力大小有很不同的影响作用；罗伯特·M·摩尔三世在针对团队凝聚力的影响效果的研究中，认为激励是凝聚力的重要影响因素。除上述观点之外，还有一些西方学者的代表性观点，同样具有较为典型的参考和借鉴意义，能够为本研究对企业凝聚力影响因素的归纳提供重要的理论依据。本书对这些观点中的部分内容按照发表年份的时间顺序进行了排列和概述，包括：

霍格在回顾了大量的相关文献后，列出了一个凝聚力影响因素的清单，包括个体特征及其一致性、互动、群体氛围、外部威胁、成功/奖励。在其相关的著作和研究成果中，从不同角度对以上因素对于群体凝聚力的影响进行了论证，这也是西方学者中较早对凝聚力影响因素开展研究的较具有代表性的观点。

戴布拉·尼尔森和詹姆斯·坎贝尔·奎克在他们的著作《组织行为学》中对凝聚力的阐述部分，强调了外部环境因素对凝聚力的影响作用。通过两位学者的观点可以了解到，企业的凝聚力不仅仅受到内部因素的影响，还同样受到企业外部环境因素的影响。而同样需要注意的是，外部环境的因素很多是企业无法左右和控制的。

格雷厄姆·巴德利强调并分析了团队合作过程中，凝聚力所能够对团队合作的最终效果产生的影响，同时对影响凝聚力的相关因素进行了分析。在经过系统的研究和周密的分析之后,他指出了团队目标、团队文化和团体依赖感三个因素会对凝聚力产生制约性的作用,而这三个方面也是团队凝聚力的重要影响因素。

伊尔根通过实证研究,证明了团队规模对团队凝聚力产生的影响作用,并最终确定了团队规模是团队凝聚力的重要影响因素之一。在此之后,范·克尼彭伯格同样通过较为充分的实证研究,证明了团队成员多样性对团队凝聚力所产生的影响,最终确定了团队成员多样性同样是团队凝聚力的一个重要的影响因素。

卡尔·沃格尔在研究了语言沟通对于群体凝聚力、团队合作的关系之后,认为对于团队来讲,不仅在工作范围之内,即便是工作以外的人际交流,对于工作过程中的凝聚力建设也有着很大作用。因此,不论是工作之内还是之外的语言沟通与人际交流,都对团队的凝聚力和合作有着重要的影响,"沟通"自然能够被确定为是影响企业凝聚力的重要因素之一。

伊莱恩·克兰顿·哈平在其著作 *Group Cohesion: The Therapeutic Factor in Groups*(《团队凝聚力:团队中的治疗因素》)中,对于他认为的影响一个团队凝聚力的因素进行了详细的分析，强调了内部结构建设对于合作的意义，他特别指出了团队的内部结构非常重要，会影响团队合作的最终效果，并提出了准入门槛因素的影响作用。因此，通过对其观点进行概括可以得出，包括准入门槛因素在内的团队内部结构建设，是能够影响团队凝聚力的一个重要因素。

黄忠发（音）等学者主要从群体、组织两个层面研究了面对灾害等问题时，凝聚力作用下的应急效率的问题。在其观点中有关凝聚力的部分强调了团队领导人的领导方式对凝聚力所发挥的关键作用，同时还强调了团队的成员构成、个体特征对凝聚力所产生的重要影响。由此可概括出领导方式、团队成员构成、个体特征是影响团队凝聚力的几个重要的影响因素。

董林英（音）和巴拉特·沙则是从情感沟通的角度，对高校教师这一群体的凝聚力开展了研究。虽然高校教师这一群体在很多方面有别于企业团队，但其通过分组实验和问卷调查，最终得出了与卡尔·沃格尔相类似的结论，即团队内部成员的沟通氛围对于一个高校教师团队的凝聚力构建而言，有着重要的影响并发挥着关键性的作用。为了与卡尔·沃格尔的观点进行区分，这里依旧将"沟通氛围"列为一个独立的凝聚力影响因素。

在对西方学者有关凝聚力影响因素的部分具有代表性的研究成果进行罗列和概述之后，本研究进一步对上述观点中有着重复性、相似性的各影响因素进行整合与归纳，进而得出西方学者的观点中所包含的普适性企业（团队）凝聚力影响因素。如图3-1所示：

学者（年份）	凝聚力影响因素
Leif J.Braaten（1991）	激励、管理制度
Hogg（1992）	个体特征及其一致性、互动、群体氛围、外部威胁、成功/奖励
O. Jeff Harris & Sandra J. Hartman（2004）	领导方式
Debra L. Nelson & James Campbell Quick（2004）	外部环境
Graham Badley（2006）	团队目标、团队文化、团体依赖感
Ilgen（2006）	团队规模
Van Knippenberg（2007）	团队成员多样性
Carl Vogel（2010）	沟通
Clanton Harpine（2011）	内部结构建设

续表

学者（年份）	凝聚力影响因素
Robert M.Moorn III（2011）	激励
Chung-Fah Huang（2011）	领导方式、团队成员的构成、个体特征
Linying Dong & Bharat Shah（2011）	沟通氛围

↓ 归纳

激励（成功/奖励）
内部结构建设（管理制度/团队目标/团队文化/团队规模/团队成员的构成与多样性/准入门槛）
个体特征及其一致性
沟通（互动/沟通氛围）
群体氛围（团队依赖感/沟通氛围）
外部环境（威胁）
领导方式

结果

激励、内部结构建设、个体特征及其一致性、沟通、群体氛围、外部环境、领导方式

图3-1 对西方学者普适性凝聚力影响因素的归纳

由上图可知，本研究最终界定了西方学者有关企业（团队）凝聚力影响因素的观点中所包含的七个普适性企

业（团队）凝聚力影响因素，分别是：激励、内部结构建设、个体特征及其一致性、沟通、群体氛围、外部环境、领导方式。而在接下来对东方学者有关企业（团队）凝聚力影响因素研究成果的概述与归纳中，鉴于东方学者对于凝聚力影响因素的研究起步较晚，往往是建立在西方学者的研究成果基础之上所开展的，因此，上述七个凝聚力影响因素也将成为后续对东方学者的观点进行总结和归纳的主要依据。

第二节　东方学者对凝聚力影响因素的界定

东方学者对于凝聚力影响因素的研究，虽然起步相对较晚，但由于东方国家在群体意识和集体观念上的普遍重视和强调，研究成果相比于西方学者来说，反而更加深入、丰富和全面。东方学者往往在借鉴和参考西方学者优秀研究成果的基础上，从自身的客观环境和实际情况出发，充分考虑到外部环境中政治、经济、社会、文化等多方面因素的影响，开展具有针对性的研究，以确定影响企业（团队）凝聚力的相关因素，进而找到提升群体凝聚力的方法和途径。中国、韩国、日本无疑是三个最具代表性的东方国家，因此，本研究也将在有关这三个国家企业（团队）凝聚力影响因素方面的研究中，对较具有代表性的内容和成果进行分析和归纳，以最终界定出东方学者的观点中所包含的普适性企业（团队）凝聚力影响因素。

日本企业的经营和管理较少会涉及凝聚力这一概念，而是更多的以企业文化的概念出现，日本企业往往通过对组织文化的建设来实现包括凝聚力在内的全面提高。在日本企业文化的建设过程中，一些政策和措施能够让我们直观地捕捉到日本企业所注重的凝聚力影响因素。"终身雇佣制、年功序列制、企业工会制"被誉为日本企业管理体系中的三大支柱，是日本企业"以人为本"企业文化的体现。长期以来"以人为本"的企业文化培养出了职工效忠于企业，企业对员工负责的人文精神，使得日本企业相对其他企业有着较为稳定的企业队伍。此外，有研究将日本企业文化的核心内容概括为"以人为本、家族主义、传统与西方文明相融合、工蜂精神"。其中，家族主义体现为注重团队成员之间的相互协调和相互配合。团队成员有着共同的目标，并且为了达成这个目标而共同努力、共同奋斗。在查阅其他有关日本企业文化或企业凝聚力方面的研究时，也得到了相似的结论。

正是得益于这种强大的内部凝聚力，或者说是有着这样强大凝聚力的企业文化，20世纪的日本才涌现出了大量优秀的、领先世界的企业，这也使得日本在20世纪70年代，成为全球经济增长最快的国家，与当时美国的企业在世界竞争中接连受挫、市场份额不断缩小、外贸赤字逐年上升形成了鲜明的对比。面对日本这样一个较小的岛国对美国所造成的动摇和冲击，时任美国总统尼克松甚至惊呼"美国遇到了我们甚至连做梦都想不到的挑战"。为了破解日本企业快速发展的秘密，一批批美国的专家和企业界人士以学习者的身份来到日本，场景就如同当年淘金者追逐美国加州的黄金一般，贪婪地挖掘着日本企业的经营之道。在经过十数年的研究与学习之后，美国的专家学者们普遍得出了如下观点：美国企业的"敌人"不是日本企业，而是企业管理文化的局限性。日本企业的管理文化首先关注的是人，注重以人为本，强调家族观念，这在当时极大地激发出员工的积极性和创造性，使企业形成了包括强大凝聚力在内的良好企业文化，进而产生了企业发展的强劲动力，促进了日本企业的成功与在世界范围内的领先。

由此可以得出，日本企业在强化自身凝聚力方面，最为突出的两个要素分别是以人为本和家族主义。其中，以人为本能够给员工带来工作安全感、归属感。尊重人、关心人、信任人，并促进人自由而全面的发展，这一因素也成为日本企业长期以来最具代表性的人文精神；家族主义的内涵则是要求企业更加注重企业员工或团队成员家庭观念的形成，让员工彼此之间像来自一个家庭的成员那样相互协调和配合，有着共同的家庭目标，以及为了家庭的发展每个成员所表现出的工蜂精神。

而参照上文中从西方学者观点出发所归纳出的七个普适性凝聚力影响因素，"以人为本"这一影响因素所包含的内涵与这七个影响因素没有明显的交集部分，而"家族主义"这一因素所包含的内容是能够根据其各自特征归并到上述七个影响因素当中的："团队成员之间的相互协调与配合"可以归并到"沟通、群体氛围、领导方式"三个影响因素中，"团队共同目标"可以归并到"内部结构建设"这一影响因素中，"工蜂精神"可以归并到"个体特征"这一影响因素中。在此基础上，进一步完成对日本企业凝聚力影响因素的最终归纳与概括。如图3-2所示：

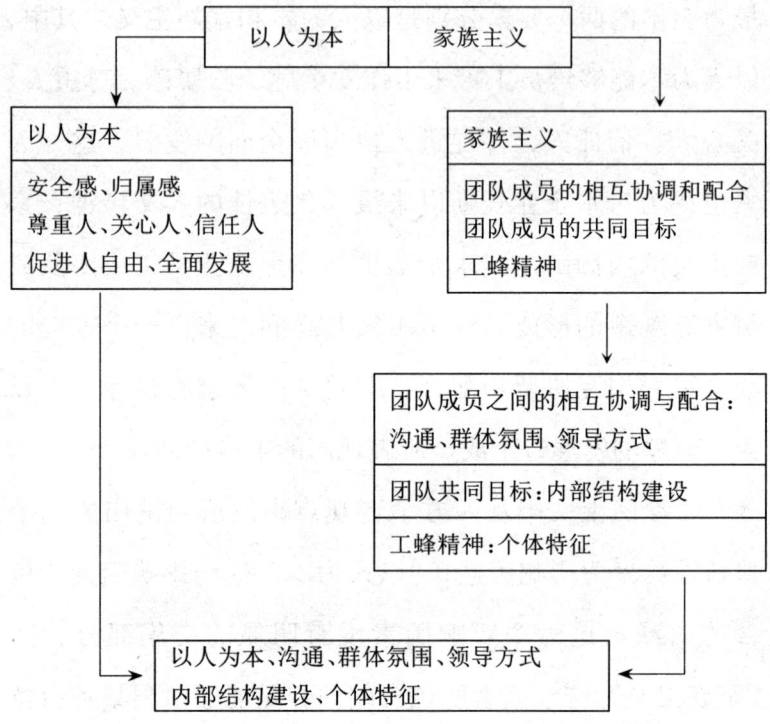

图 3-2 对日本企业凝聚力影响因素的归纳

据此,本研究将日本企业的凝聚力影响因素最终确定为:以人为本、沟通、群体氛围、领导方式、内部结构建设和个体特征。而"以人为本"这一影响因素独立于作为本研究归纳标准的西方学者观点中的七个普适性凝聚力影响因素,并且作为一种极具东方群体意识、集体观念与管理哲学色彩的影响因素，在来自其他东方国家学者的研究中不仅普遍存在且得到了广泛重视。因此，本研究将"以人为本"与上述七个普适性凝聚力影响因素相组合，并称为"7+1"凝聚力影响因素，作为后续研究中对企业（团队）凝聚力影响因素的归纳参照。

在韩国学者有关企业凝聚力的研究中，针对凝聚力影响因素的内容也并不是十分丰富。李钟法和梁在生两位学者从凝聚力的测量方法角度，列出了四种凝聚力的测量维度，从另外一个角度提出了凝聚力的影响因素，分别是："人际关系的魅力、个人魅力的相互作用所导致的对团队的整体评价、成员的归属感、离职意愿的程度。"以上述"7+1"凝聚力影响因素为参照，可以将其中的"人际关系和对团队的整体评价"归纳到"群体氛围"这一因素中，将"成员的归属感"归纳到"以人为本"这一因素中。"员工的离职意愿"虽然会受到多方面因素的影响，但根本上会决定于员工个人的价值观、心理、性格等自身特质，因此将该影响因素归纳到"个体特征及其一致性"这一因素中。

权基成则提出了"集团凝聚力的可塑性"模型，在模型中列出了部分凝聚力的影响因素，包括：成员相互作用的频度、集团的规模、同质性和异质性、态度与价值观、成员的目标与存在感、在集团中的地位、外部的影响、资源的丰富程度（金钱）等。同样以"7+1"凝聚力影响因素作为参照，可将其模型中所涉及的集团凝聚力影响因素进行如下归纳："成员相互作用的频度"可以归纳到"沟通"和"群体氛围"两个因素当中，"在集团中的地位、成员的存在感"可以归纳到"以人为本"这一因素中，"外部的影响"自然属于"外部环境"因素，而"成员的目标""集团的规模"则属于"内部结构建设"这一因素，"资源的丰富程度（金钱）"属于"激励（物质性）"的范畴，"同质性和异质性""态度与价值观"则是典型的"成员特质及其一致性"问题。

另一位韩国学者洪宜淑在其著作《是企业主养活职员还是职员养活企业主》一书中，指出了企业提高自身凝聚力的几个方面的途径，包括：建立直接对话的平台，有效地协调员工之间的意见分歧，解决突出问题做到公正贤明，一流的领导能力，出色的领导风格，消除员工的排斥心理，使工作不再枯燥乏味，使有能力的人成为自己的心腹，先从自身找问题，化危机为机遇。该学者在其研究中并没有简单地提出若干影响企业凝聚力的因素，而是对能够给企业凝聚力带来影响的几个层面提出了更加具体、细致且具有针对性的方法。如果将各个层面看作相应的影响因素，则可参照"7+1"凝聚力影响因素进行如下归纳：将"建立直接对话平台""有效地协调员工之间的意见分歧"归纳为"沟通"因素，将"消除员工的排斥心理"与"使工作不再枯燥乏味"可以归纳到"群体氛围"因素和"以人为本"因素当中，而"先从自身找问题""解决突出问题做到公正贤明""一流的领导能力""出色的领导风格""使有能力的人成为自己的心腹""化危机为机遇"则全部归纳到"领导方式"这一影响因素当中。

同样地，对以上韩国学者有关企业凝聚力影响因素的观点进行进一步的归纳和概括，得出具有统一参照性的企业凝聚力影响因素，如图3-3所示：

人际关系的魅力 对团队的整体评价 成员的归属感 离职意愿的程度	成员相互作用的频度 集团的规模 同质性和异质性 态度与价值观 成员的目标与存在感 在集团中的地位 外部的影响 资源的丰富程度（金钱）	建立直接对话的平台 有效协调员工间的意见分歧 解决突出问题做到公正贤明 一流的领导能力 出色的领导风格 消除员工的排斥心理 使工作不再枯燥乏味 使有能力的人成为自己心腹 先从自身找问题 化危机为机遇
群体氛围（人际关系和对团队的整体评价） 以人为本（成员的归属感） 个体特征（员工离职意愿）	沟通、群体氛围（成员相互作用的频度） 以人为本（在集团中的地位、成员的存在感） 外部环境（外部的影响） 内部结构建设（成员的目标、集团的规模） 激励（金钱） 个体特征及一致性（同质性和异质性、态度与价值观）	沟通（建立直接对话平台、有效地协调员工之间的意见分歧） 群体氛围（消除员工的排斥心理） 以人为本（使工作不再枯燥乏味） 领导方式（先从自身找问题、解决突出问题做到公正贤明、一流的领导能力、出色的领导风格、使有能力的人成为自己的心腹、化危机为机遇）

群体氛围、以人为本、个体特征及其一致性、沟通、外部环境、内部结构建设、激励、领导方式

图3-3 对韩国学者关于企业凝聚力影响因素观点的归纳

据此，韩国学者有关企业凝聚力影响因素的观点在参照"7+1"凝聚力影响因素进行归纳和概括的基础上，最终被确定为：群体氛围、以人为本、个体特征及其一致性、沟通、外部环境、内部结构建设、激励、领导方式。

中国的学术界和企业界对于凝聚力的研究与实践起步要更晚一些，但随着中国改革开放的不断推进与深化，来自中国的企业家和学者不断吸收和融合东西方成功企业的先进经验和优秀的研究成果，大有后来者居上之势。特别是在中国的传统观念中对集体观念、大局观念的突出认知和强调，使得中国的企业家和学者越发重视凝聚力的作用，在借鉴已有的东西方学者研究成果的基础上，结合中国的具体国情和企业的实际情况，提出并取得了很多具有中国特色、符合中国企业发展实际需要的观点和成果。其中，比较具有代表性的一些观点包括：

国内著名的组织行为学专家黄培伦教授提出了组织凝聚力的十一个方面的影响因素：成员的共同性、群体规模的大小、群体与外部的关系、成员对群体的依赖、群体的地位、领导的要求与压力、加入群体的难易程度、群体成员的性别构成、组织从前的成功经验、目标的达成、信息的沟通。其中,"组织从前的成功经验"这一项在企业的管理实践中可以涉及"7+1"凝聚力影响因素中的"内部结构建设""群体氛围""激励"等多方面内容,因此在进行归纳时其指向性相对不明确。本研究认为,企业不论是通过"以往的成功经验"来树立企业的典型人物和榜样,还是通过对企业过往成功案例的传播来实现宣传和动员,其最终目的都是让企业员工能够从中找到自己前进的方向、动力和奋斗的目标,进而对今后自己和企业的成功都更加地充满信心。因此,本研究将"组织从前的成功经验"归纳到"激励"这一凝聚力影响因素当中。

据此,本研究参照"7+1"凝聚力影响因素对黄培伦教授所提出的凝聚力影响因素进行如下归纳:"成员的共同性"归纳于"个体特征及其一致性"因素中,"群体规模""群体地位""加入群体的难易""性别构成""目标的达成"则可以一并归纳到"内部结构建设"这一因素中,"与外部的关系"归纳于"外部环境"因素,"群体的依赖"归纳于"群体氛围"因素,"要求与压力""组织从前的成功经验"和"信息的沟通"则分别归纳于

"领导方式""激励"和"沟通"三个因素当中。

我国知名组织与人力资源管理、女性职业发展和女企业家发展问题研究专家关培兰教授从不同的角度提出了组织凝聚力九个方面的影响因素,包括:群体成员在一起的时间、加入群体的难度、群体规模、群体成员的性别构成、外部威胁、以前的成功经验、有效情绪认同、群体内部的奖励方式、群体的领导方式。参照"7+1"凝聚力影响因素可进行如下归纳:"群体成员在一起的时间""有效情绪认同"可一并归纳到"群体氛围"因素中,而"加入群体难度""群体规模""性别构成"可以一起归纳于"内部结构建设"这一因素,"以前的成功经验"和"内部的奖励方式"归纳于"激励"因素,"外部威胁"和"领导方式"则分别归纳于"外部环境"和"领导方式"两个因素当中。

另一位组织行为学、人力资源管理专家段万春教授更加精简地提出了影响凝聚力的五种因素,即群体的领导方法、成员对群体的依赖性、群体地位、成员的共同性、外部的影响因素。这五个方面的凝聚力影响因素分别对应着"7+1"凝聚力影响因素中的五项内容:"群体的领导方法"对应着"领导方式"因素,"成员对群体的依赖性"对应着"群体氛围"因素,"群体地位"对应着"内部结构建设"因素,"成员的共同性"对应着"个体特征及其一致性"因素,"外部的影响"则对应着"外部环境"因素。

此外,还有国内学者通过相关的实证研究来确定企业(团队)凝聚力的影响因素。例如,李海、张勉、李博三位中国学者首先通过案例研究,以小组方式、采用半结构化深度访谈收集数据,根据数据分析结果,构建了一个基于中国本土管理情境下的组织凝聚力结构与影响因素的理论框架。针对这一理论框架,对组织员工、学科主题专家进行了两次问卷调查,通过对问卷调查结果的数据分析,对理论框架进行了验证,最终将凝聚力的影响因素概括在"个体、团体、组织、社会"四个层次上,个体层次包括领导胜任力、凝聚点员工,团体层次包括人际关系、团队导向,组织层次包括物质激励、情感关怀、组织发展与目标,社会层次包括体制变革、社会环境。

而所谓"凝聚点员工",就是在某一团体中的核心人员。三位学者的研究认为，团体中的核心人员对凝聚力的强弱至关重要。从这个释义中可以看出，"凝聚点员工"在一个团队中处于核心地位，具有很强的影响力，能够将团队中的其他成员"凝聚"在一起。因此，在本研究中将"凝聚点员工"设定为一种非正式的团队领导，他对团队的影响力并不来自组织所赋予的权利或职务，而是来源于自身所拥有的感染力、号召力、业务或技能上的权威，以及在其他方面的能力等，使得团队成员对其自愿折服和遵从。因此，"凝聚点员工"从本质上说，也包含于"领导方式"这一因素当中。在此基础上，参照"7+1"凝聚力影响因素可以将这三位学者所提出的企业（团队）凝聚力影响因素归纳为："领导胜任力""凝聚点员工"可归纳为"领导方式"因素，"人际关系"可以归纳到"群体氛围"因素中，"团队导向"和"组织发展与目标"可归纳于"内部结构建设"因素，"物质激励"属于"激励"因素，"情感关怀"归纳于"以人为本"因素，而"体制变革"和"社会环境"则被归纳到"外部环境"的因素当中。

据此，对以上国内学者有关企业（团队）凝聚力影

响因素的观点进行进一步的归纳和概括,得出具有统一参照性的企业凝聚力影响因素,如图3-4所示:

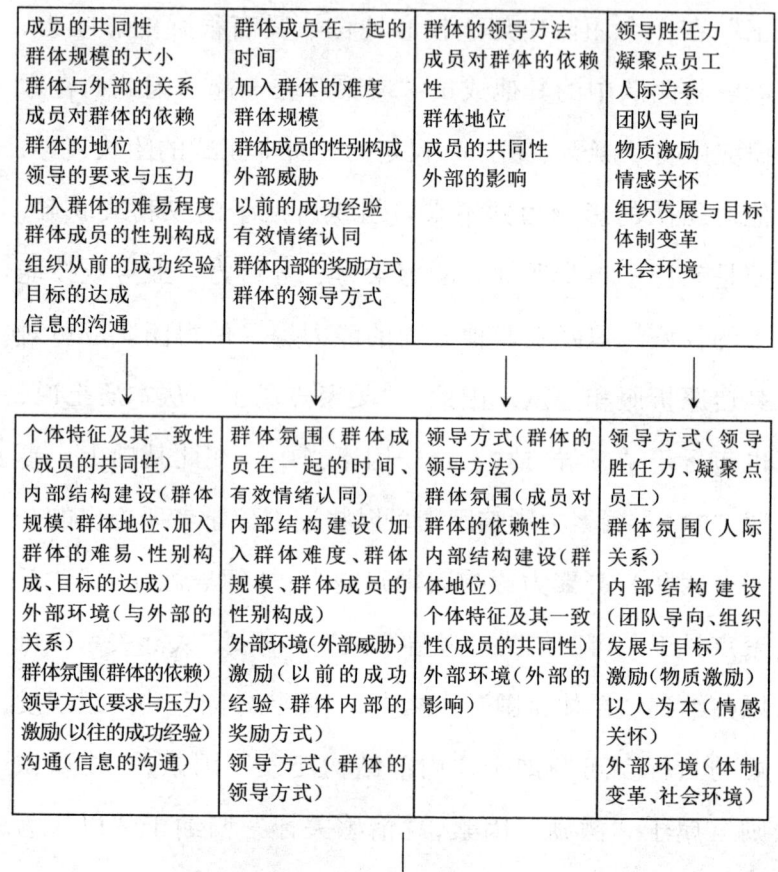

图3-4 对中国学者关于企业凝聚力影响因素观点的归纳

最后，本研究综合以上对日本、韩国、中国学者有关凝聚力影响因素的归纳结果进行最终的整合与概括，进而得出东方学者的观点中所包含的普适性企业（团队）凝聚力影响因素。如图3-5所示：

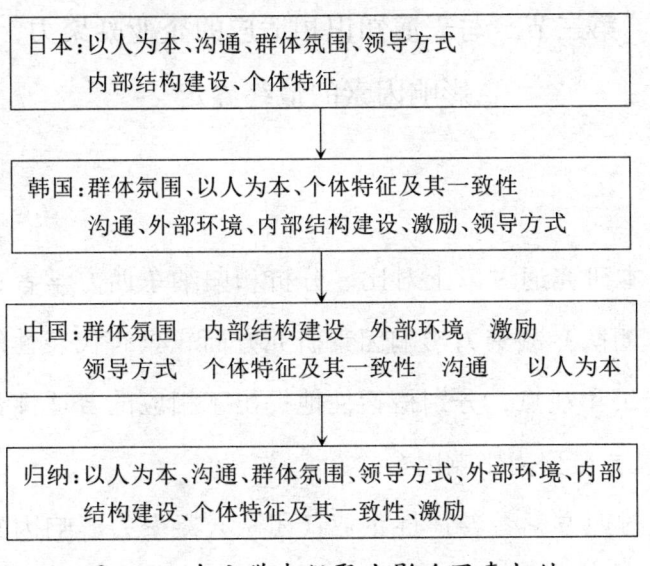

图3-5 东方学者凝聚力影响因素归纳

由图3-5可知，本研究最终界定的东方学者有关企业凝聚力影响因素的观点中所体现出的普适性企业凝聚力影响因素共有八个方面：以人为本、沟通、群体氛围、领导方式、外部环境、内部结构建设、个体特征及其一致性、激励。

第三节　与表演知识相适应的企业凝聚力影响因素的最终界定

本研究通过以上对比、分析和归纳东西方学者在企业（团队）凝聚力影响因素研究方面较具有代表性的研究成果和观点，分别概括性地提出了相应的普适性企业（团队）凝聚力影响因素。

对西方学者普适性企业（团队）凝聚力影响因素的归纳：激励、内部结构建设、个体特征及其一致性、沟通、群体氛围、外部环境、领导方式。

对东方学者普适性企业（团队）凝聚力影响因素的归纳：以人为本、沟通、群体氛围、领导方式、内部结构建设、个体特征及其一致性、外部环境、激励。

将以上东西方学者普适性企业（团队）凝聚力影响

因素的各项内容进行进一步的整合，从而得出本研究对普适性企业（团队）凝聚力影响因素的最终确定，如图3-6所示：

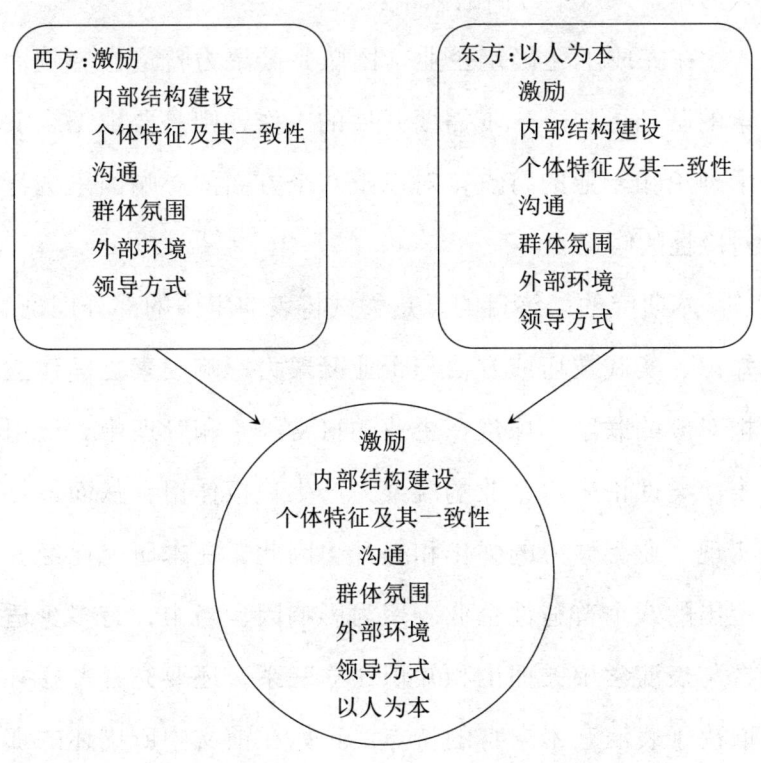

图3-6 普适性企业（团队）凝聚力影响因素

据此，本研究最终确定的企业（团队）凝聚力的普适性影响因素包括：激励、内部结构建设、个体特征及其一致性、沟通、群体氛围、外部环境、领导方式、以人为本，共八个方面的因素。

在完成上述确定企业（团队）凝聚力普适性影响因素的基础上，下一步需要开展的工作，则是要根据表演学理论和专业的特点，对以上八个方面的影响因素进行对应性的修正。

本研究的最终目的，是尝试将表演学中的部分理论、知识、实践技巧或方法与企业凝聚力影响因素之间建立相对应的联系，探索在企业的日常经营和管理中，运用表演学理论来对企业的凝聚力产生积极作用，从而最终实现企业凝聚力的强化和提升。因此，在本研究已经界定出的八个普适性企业凝聚力影响因素当中，有多少适合与表演学相关理论和知识建立联系，还要充分考虑并取决于表演艺术自身的特点。正如在前文中所描述的那样，表演艺术的美学特征主要是：通过演员的表演，把各类艺术的文学脚本所提供的间接形象转化为直观的形象，使人在欣赏演员绘形绘声绘色的表演中，如亲临其境、亲闻其声、亲见其形，产生情感交流，了解作品形象所反映的社会生活和思想内容，获得审美享受。可以看出，表演艺术所带给受众群体的影响和体验，主要集中于情感和心灵的层面，这也就决定了能够与表演艺术建立关联的企业凝聚力影响因素，或者说，表演艺术所能够产生明显作用和效应的企业凝聚力影响因素，需要的是有关情感和心灵方面的内容。因此，上述八个企业凝聚力影响因素需要根据表演艺术这一特征进行相应的修正，以去除掉其中非情感和非心灵层面的因素，确保修正以后的企业凝聚力影响因素符合与表演艺术理论建立有效关联的需要。具体包括：

第一，外部环境。企业外部环境包括政治环境、经济环境、文化环境、外部压力等多方面的内容，但这些内容的存在往往是不受企业控制的，企业在面对外部环境的发展和改变时，所能采取的措施也基本上是以预测性或适应性的措施为主。大多数时候，企业是通过自身的改变来顺应外部环境的变化，努力抓住外部环境发展的机遇和风口，尽量避免外部环境改变所带来的风险和挑战，却难以通过采取主动性措施或对策来左右外部环境的发展和改变,且外部环境的"范围"越大,企业所产生的影响和作用越小。此外,企业外部环境作为一种客观性的存在,也不适用于涉及情感、心灵等感性层面的影响因素对其产生的作用。据此,"外部环境"在本研究中将不被列入到与表演艺术相关知识和理论建立关联的因素当中。

第二,个体特征及其一致性。一方面,个体特征的形成主要受到某个体先天基因、遗传和后天成长、生活环境与经历的影响,并且一旦形成很难改变,如果想仅仅通过对情感和心灵方面的某些影响因素产生作用来改变一个人的个体特征,虽然存在成功的可能性,但却需要花费较长的时间成本并克服重重困难。显然,这对于一个企业特别是有着较大员工规模的企业来讲是难以实现的。另一方面,企业中的不同部门、不同岗位需要的个体特征也往往各不相同,个体特征的一致性在企业的日常运转过程中,并不是绝对适用的。而在表演艺术理论的某些观点中,更是支持演员的多元化个性特征存在,而不提倡个体特征的一致性,因为演员的个性光辉将会赋予角色独特的生命力。此外,如果企业所希望实现个体特征的一致性,要求员工在价值观、工作态度、目标愿景等精神和思想层面上达成一致，则可以通过在群体氛围、领导方式、沟通、激励等其他凝聚力的影响因素维度上开展工作而得以实现。据此，本研究将"个体特征及其一致性"这一影响因素同样不列入到与表演艺术相关知识和理论建立关联的凝聚力影响因素当中。

第三，激励。"激励因素"包括物质激励和精神激励两个层面的内容。物质层面的激励虽然在现代企业的经营管理中愈发强调灵活性，但考虑到物质激励特别是薪酬激励对于一个企业正规、有序、科学、长效运营和发展所起到的重要作用，以及对"公平正义"这一当下广大群众最为关注的问题之一的集中体现，企业制度层面的物质激励，需要通过对自身实际的运营情况进行全面、系统地分析之后，制定出客观、严肃、专业、规范的物质激励制度。可见，这一要求明显与对人的情感和心灵层面产生影响的表演学相关理论知识的特征是不相适应的。而另一个层面的"精神激励"，则恰恰相反，精神激励是内在激励，是在精神方面的无形激励，与物质激励相比较，是通过非物质的手段以满足个体的社会心理需要，从而激发出良好行为的一种激励方式。可见，"精神激励"的内涵与特点同表演艺术相关理论知识的特征有着良好的适配性。因此，本研究将"激励"因素最终修正为"精神激励"因素。

第四，内部结构建设。内部结构建设作为一个企业内部专业的、系统的、全面的，包括管理、变革、决策等各方面内容在内的系统性综合工程，同样需要严谨的科学决策和制度规范的支撑。在上文的论述中所罗列出的管理制度、团队目标（愿景）、团队文化、团队规模、团队成员的构成与多样性、准入门槛（加入群体的难易）、群体规模、群体地位、性别构成，等等，这些内部结构建设的具体内容，绝大多数都是需要企业根据自身的实际情况来制定客观的规章制度或是采取具体的策略和行动来得以实现的，而在这一过程中，对情感和心灵产生影响的表演学相关理论知识所能发挥的作用是微乎其微的。但是，在上述内部结构建设的内容中，"团队文化"与"团队目标（愿景）"两项内容还可以再次归纳到其他因素中。根据现有研究观点，团队文化，或者说是企业文化，是由一个企业的传统和风气所构成的，而群体氛围所包含的主要内容当中，就包括群体的风气，因此，可以将团队文化归纳到群体氛围的因素中；对于团队目标，激励理论认为，人的行为受一种预期心理的支配，当人们看到可以满足自己需要的目标时，在需要心理的驱使下，会在心里产生一种处于萌芽状态的期望，这就是目标激励，因此，可以将团队目标（愿景）归纳到精神激励的因素中。据此，本研究在将"团队文化"和"团队目标（愿景）"两项内容分别归纳到"群体氛围""精神激励"两个因素中的基础上，最终将"内部结构建设"这一因素也排除在与表演艺术相关知识理论建立关联的队列之外。

在完成以上修正过程之后，本研究最终界定了与表演艺术相匹配和适应的五个普适性企业（团队）凝聚力影响因素，具体包括：精神激励、沟通、群体氛围、领导方式、以人为本。如图3-7所示：

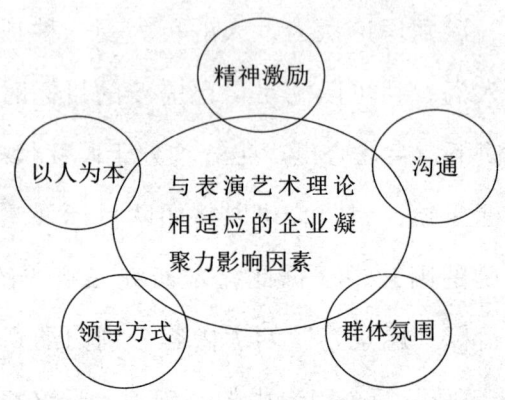

图 3-7 与表演艺术理论相适应的企业凝聚力影响因素

第四章

与企业凝聚力影响因素
相适应的表演艺术
知识理论

第一节 与"精神激励"因素相对应的表演学知识理论

一、演员的身心放松

对企业员工的精神激励，本研究认为可以从两个层面采取措施：一方面是给员工的思想传输正能量，让员工更加拥有自信和动力；另一方面是要适时给予员工必要的精神与心情的放松，让员工在日常工作与生活中产生的心理压力得到释放，使员工在工作中保持身心舒畅，这是一种十分重要的精神激励。而在表演艺术中，即将登台演出的演员也同样需要这样让身心舒畅、精神放松的精神激励，这在表演艺术的理论与实践中是非常重要的。专注与投入是表演创作状态对演员的基本要求，因此演员需要具备松弛、热情、纯朴、真挚的心理状态，而松弛是演员在进行创作时心理和生理上必须具有的基本状态。美国"即兴表演派"的代表人薇奥拉·斯波林在她的著作《创作的体验》一书中指出：走向表演的第一步是身心的松弛，在体验之前必须毫无精神负担。

松弛，是演员在进行创作时心理和生理上必须具备的状态，而紧张往往会导致演员失去对自我应有的控制。一方面，心理上的紧张必然会导致身体与生理上的失控，就像竞技体育中的运动员，在比赛过程中由于心理上的紧张而造成技术动作的不到位，进而导致比赛结果的不理想。另一方面，生理上的紧张也会给演员的心理状态带来负面的影响，这些都会对演员的表演艺术创作产生消极的作用。与此同时，需要特别强调的一点是，身心的放松不等同于松懈。对于演员来说，身心的松弛，是心理机制和生理机制应该处于一种在创作意志支配下能够正常地、积极地、有效地进行真实、细腻的体验和富有表现力的创作状态。而松懈则是与此相反的，它是一种不良的懈怠与散漫，让演员原本积极的创作意识变得涣散。松懈虽然在表现形式上与"紧张"不同，但无疑都是消极、负面的不良状态。

相似的,企业员工作为企业这个"舞台"上的"演员",同样需要身心放松的良好状态,而在残酷的现实面前,使员工身心得到放松的重要性和必要性越发凸显。据相关资料显示,我国每年发生心源性猝死的人数将近55万,其中因过度劳累而导致的猝死占比高达24.53%,临床发现很多猝死的人,都曾经历过诸如过度忙碌、精神压力大、经常熬夜、情绪波动大、体力透支等高强度的工作状态,可见"劳累"是猝死的主要诱因之一。因此,企业需要让员工在开始工作之前或结束工作之后,抑或是在工作开展到一定阶段的时候,通过一定的方式方法使身心得到必要的"放松"来保持或激发出自身最好的状态,并在心理和生理得到"松弛"的基础上进一步实现良好的自我控制,从而让员工工作得更加健康、快乐、长久,让工作进展得更加顺利、积极、有效。

二、演员的"真实与信念"

根据激励理论,企业目标(愿景)可以对员工产生精神激励的作用。而在现实中的企业管理工作中,也的确是有很多的企业管理者通过不断地强调和宣传企业长远的发展目标（愿景）来作为激励员工的重要方法和手段。但万万不能忽略的一点是，不论是长期还是短期的目标（愿景），都仅仅只是一个预期，在没有最终成为现实结果之前，只能是一个概念性的存在。因此，要想让企业的发展目标（愿景）能够给员工带来有效的精神激励效果，就必须要让员工的心里始终保持着对目标（愿景）能够最终实现的坚定信念，坚信企业目标（愿景）最终实现的"真实性"。

而在表演艺术中，同"真实与信念"相关的理论和知识是同样重要和被需要的。表演艺术的特征之一，就是演员要把艺术的虚构创造成为令人信服的艺术真实。演员的任务就在于能够把这种艺术虚构创造成为让观众相信的艺术真实，这就要求演员在表演创作中必须具有信念和真实感。艺术都是虚构的，这就需要演员借助信念感来做到表演时的"假戏真做"。对规定情境、布景道具、故事情节、人物关系等，都具有真挚而强烈的信念和真实感，这是演员接受表演基础训练的重要环节。艺术虚构中的真实与信念，依赖于演员的创造，依赖于艺术的想象，依赖于直接和间接的生活感受，还依赖于"有魔力的'假使'"。对于表演艺术中那些虚构的、想象的真实，演员也同样需要去真挚地相信，甚至要比相信客观的真实更加着迷。

对于企业来说，要想让员工能够真正把自己全身心地投入到企业的发展中，就必须让员工对企业的发展目标和愿景真挚地去相信、去着迷。相信企业的发展愿景是合理的，企业的目标是可以通过大家的努力而实现的；着迷于为企业愿景的实现而奋斗的成就感，着迷于企业目标实现所能够带给自身的成长、发展、利益和荣耀。进一步讲，企业需要与员工建立起共同的目标和愿景，并要员工对这一目标和愿景如同演员对待艺术中的虚构那般，具有强烈的"真实与信念"感，将他们自身的发展与自我实现全身心地融入到企业的发展当中，在成就企业的同时也成就自己。

三、剧本分析理论

企业的目标和愿景要想实现，必须采取行动，动员所有员工付诸实践。但这种行动和实践不能漫无目的，而是必须制定计划，遵循科学的发展规律。特别是对企业的管理者来讲，要想让员工拥有对企业目标和愿景的"真实与信念"感，就必须让他们知道企业为什么要设定这样的目标和愿景，目标和愿景的实现能够给自身带来哪些有利的影响，自己又该如何去做才能和企业一起最终实现这些目标和愿景，只有这样，才能让企业与员工建立的共同目标和愿景产生有效的精神激励作用。在表演艺术中，与之相对应的内容是剧本的分析理论。如果说"真实与信念"是让员工相信企业和自己美好的未来，那么"剧本分析"则是要让员工知道为了实现这个美好的未来该做些什么，让员工沿着正确的方向和道路真正地行动起来。

演员的创作工作，实际上就是对他所扮演角色的行动进行深入分析、能动实践的过程。因此，厘清角色在剧本发展过程中的行动方向，以及选择的行动方式非常关键。分析剧本的目的是为了下一步的艺术创作，绝不能为分析而分析。斯坦尼斯拉夫斯基也曾在其著作《演员创造角色》一书中指出："对角色而言，绝对的理性分析、认识和创造是不被需要的。"他要求演员必须"行

第四章 与企业凝聚力影响因素相适应的表演艺术相关理论知识

动"起来,从角色的行动入手,从演员的自身出发。演员在进行剧本分析时,应围绕以下几个方面展开:了解时代背景,明确规定情境,抓住中心事件,把握矛盾冲突,挖掘主题思想,寻找贯穿行动与最高任务,以及掌握风格与体裁。而导演作为一项表演工作中的"领导者",更需要做好"剧本分析"的工作。导演在拿到剧本之后,首先应该做的就是进入剧本,了解剧本的最高任务、行为动机、人物性格,为演员有可能提出的问题做好准备。在进行表演的过程中,导演就要引导演员的表演,尽最大可能地让演员理解自己饰演的人物,明白到什么地方该做什么事情,怎么做,为什么这么做,做了以后会出现什么效果等等,同时还需要清楚地让演员了解到自己这么做的目的,从而使其能够将导演的想法自然地加入到表演当中。可见,对剧本的分析就是为了表演的实践,让演员明确如何采取正确的行动来实现预期的艺术效果,这恰恰适用于企业员工或管理者通过对共同目标和愿景的分析解读,以明确工作开展方向和计划。当然,还需要特别明确的一点是,剧本分析不仅是导演必须做的工作,也是全体人员需要共同进行的工作,导演要先行一步，然后带领全体人员进行分析，以求得对剧本的统一认识。在戏剧创作集体里，有众多的创作人员对剧本做出正确的分析和认识后，就可以统一全体人员对艺术创作的理解。

因此，不论是导演还是演员，对剧本的分析都是为了能够更好地进行下一步的表演创作。对于企业来说，进行"剧本分析"，就是需要企业这个"舞台场景"下的导演和演员——管理者和全体员工一起，通过对他们所共同面对的同一个剧本——企业的共同目标和愿景进行具体而深入的分析和解读，来达成统一的认同与认知，让企业内部的每一个人都能够以正确的行动参与到实现共同目标和愿景的进程中。

第四章 与企业凝聚力影响因素相适应的表演艺术相关理论知识 —·

第二节 与"沟通"因素相对应的表演学知识理论

沟通和交流,不仅是影响企业凝聚力的重要因素,在表演艺术中,同样是影响着演出质量与艺术效果好坏的重要因素。因此,与企业凝聚力"沟通"因素相对应的表演艺术理论,就是"表演的沟通与交流"中的相关内容。

在企业这个"舞台场景"下,管理者和员工之间、员工与员工之间、企业与客户之间的角色关系,在不同的工作和生活情境下,可以被视为是"导演与演员、演员与演员、演员与观众"这几种关系之间的相互转换。因此,企业的管理者和员工之间、员工与员工之间、企业与客户之间的沟通,也相应地可以被看作是在企业这个舞台上所进行的"表演沟通"。而"沟通"不仅对于一

— 85

个企业良好的管理和运营有着重要的意义，对于舞台上所有与表演创作有关的人员来说，其重要性同样是不言而喻的。

　　表演活动本身是一种信息的组织、传递和接受的过程。交流是演员在表演中需要具备的重要能力，是演员在表演中与其他相关人员在思想、情感、目的和追求上的相互传递、作用和影响。在表演过程中的交流沟通，是舞台人物与人物之间想法、情感、意念、行为动作等的相互传递、作用和影响，是舞台人物与舞台人物之间的呼出和吸收，刺激和反应。无论是台上的演员之间，还是导演与演员、演员与观众之间的互动都关系到最终的表演效果，这就要求与表演相关的人员必须学会并善于沟通交流。表演中的交流途径主要有语言交流、眼神交流以及包括表情在内的肢体交流，分别构成表演过程中的听觉刺激、精神刺激和视觉刺激。不管是戏剧表演还是影视剧表演中的人物塑造，都是在导演的总体把握下，依靠演员所塑造人物的行动来揭示的，观众也是通过人物形象的塑造而获得视听与精神感受的。而演员所塑造的人物行动又不是孤立存在的，是要与周围的人和

第四章 与企业凝聚力影响因素相适应的表演艺术相关理论知识

事物发生密切的联系和彼此间的互动,所有的表演情节都需要在演员所塑造人物相互关系的矛盾与冲突中发展,不论人物之间发生何种关联,都必定存在着沟通和交流。因此"沟通交流"对于表演艺术来说是十分重要且必不可少的。表演中的沟通主要有以下几种形式:

一、演员与导演之间的沟通

正如上文所述,不管是戏剧还是影视剧的人物塑造,都是在导演的总体把握下,依靠演员来实现的。演员的表演是决定演出或作品拍摄成败的最重要因素之一。导演的构思和意念是通过演员创造的人物形象来体现的。演员要把导演所想表达的思想表演出来,但是导演也不能一味地将自己的意念强加给演员,也需要去听取演员的想法和思想。无论是戏剧、电影、电视剧,演员与导演之间一定要及时沟通,才能更好地呈现作品。一个优秀的表演艺术作品,需要导演与演员之间的相互成就,而这种相互成就必定是建立在导演与演员之间充分而深入的交流与沟通的基础之上。

二、演员的自我沟通

演员对于人物情感的充分展示,离不开演员的自我情感交流。在表演开始之前,演员要想使得自身能够与剧本中角色的形象、特质、性情、风格等内容相融合,就需要进行自我暗示和自我沟通。演员通过自我暗示和沟通,才能使得自身对于角色的认知、理解更加深入、透彻,才能使得自己所呈现出的表演更加传神,传递的感情更加真挚。在表演开始之前,演员要进行人物角色塑造前的准备,那么就需要进行自我交流,准确体会人物的情感变化,把握人物的性格特点,同时要将人物的情感和心理活动利用语言和肢体充分展示出来。此外,演员要通过自我沟通,将自己和人物角色充分结合,无论是在言行上还是在神态上,将无形的角色变成有血有肉的具体的"人物",才能使得人物角色更加真实丰满,从而使得演员与观众产生情感共鸣,真正理解剧本内容的精髓。

三、演员与同台演员之间的沟通

在表演中，同台演员之间表演的连贯性，在情感和基调上的保持与配合，都要依靠彼此之间给的交流刺激来获得。同台演员之间不论是在心理还是在外部动作，都需要通过彼此之间的沟通交流来把握彼此之间相互作用的程度，从而让表演的进程与效果更加流畅、圆满。人物形象的塑造和感情的表达是需要每个演员共同完成的，尽管一次表演涵盖的人物角色可能有多个，而且人物形象也是不同的，但是这些人物形象之间是由剧情情节相联系的，所以他们之间是相辅相成、密不可分的。演员对各自的人物进行塑造的同时要与其他同台演员进行交流互动，只有这样才能做到对整个演出的总体把握，才能全面而生动地表达剧情内容，才能确保全部表演的艺术效果。此外，前文中已经提到，表演过程中的主要交流途径包括语言、眼神、肢体三个方面，因此演员之间不仅要重视语言上的交流和互动，还要重视眼神、神情以及肢体上的沟通。只有通过多途径、多频次的互动，才能真正把握各自角色的感情，顺利地完成合作表演，深刻地将剧情表达出来，从而最终实现表演整体艺术感的提升。

四、演员与观众之间的交流

在表演过程中，演员的精彩表演不断地诱发了观众的思想与情感活动，使观众情不自禁地投入并参与到演出的创作当中。而观众的这种参与所产生的创造性整体氛围，又会反过来给演员的情绪和表现带来明显而强烈的影响，进而推动着演员表演技艺的发挥和艺术创作的效果。这种以演员与观众之间相互作用与共同感受为基础的情感互动过程，以"演员—观众—演员—观众……"的循环不断地进行着传递与反馈，并构成了表演艺术最基本的共情形式。演员与观众之间的交流，演员与观众在情感上的相互感染，使得演员与观众之间相互促进着获得了无穷无尽的动力能量，这也使得在表演的过程中，演员能够尽早地把观众带入情节的氛围当中，促使他们去深入感受演员表演中所包含的内涵与本质，增强表演内容的艺术感染力，努力消除演员与观众之间有形的与无形的障碍，改变观众在观看和参与表演的过程中游离、被动的消极状态,营造出表演艺术所应有的热烈氛围和沉浸式体验,创造出一种演员与观众之间水乳交融、浑然一体的理想境界。

正如前文所论述的那样,在企业这个"舞台场景"下,管理者和员工之间、员工与员工之间、企业与客户之间的角色关系,在不同的工作和生活情境下,可以被视为是"导演与演员、演员与演员、演员与观众"这几种关系之间的相互转换。因此,企业的管理者与员工之间、员工与员工之间、企业与客户之间的沟通交流,可以与表演艺术中沟通交流的相关理论知识进行合理的借鉴与有机地融合,以实现企业管理沟通上的强化与提升。

除上述与表演中的沟通交流相关的内容以外,有关表演台词训练的理论知识对表演交流主要途径之一的"语言交流"同样有着非常重要的作用。台词是为演员量身定做的语言,是演员塑造人物形象的基本手段。演员要凭借对声音色彩、调理气息、语音语调、语言节奏等方面的处理,将台词变成舞台上最富表现力与情感渲染力的口述语言。台词基本训练主要围绕"气""声""字"三个方面展开,包括站姿训练:自然站立,直腰收腹,两臂自然下垂，两眼目视前方，使全身气息通畅，使身体成为声音的共鸣体；呼吸训练：进行腰腹部呼吸，寻找准确的呼吸位置，通过吸气、呼气程度的掌控和呼吸节奏的改变，来实现对气息的控制；发声训练：寻找声源，让气息与声音都由身体的下腹部发出，发声时要口型准确，声音集中明亮，注意气息的平缓均匀和声音在身体内的共鸣；发音训练：这是演员创作角色中的关键环节，关系到舞台语言的发音清晰、唇舌有力、音量适度、音调准确，要做到呼吸方法的正确、口腔力度与气息强弱的协调、声音的连贯和语气声调的控制。而在日常工作与生活中，每个人都有必要注意加强自己的语言表达能力，而良好的语言表达能力包括清晰的语言逻辑，恰当的语速、语气和正确的发音、咬字，等等。尤其是企业的管理者，更应该重视自己在与员工或客户沟通过程中的"气、声、字"，像演员处理台词那样，将自己语言的声色、气息、语音语调、快慢节奏等细节处理好，让自己在沟通交流中的语言清晰流畅、抑扬顿挫，富有感染力和号召力。

第三节 与"群体氛围"因素相对应的表演学知识理论

一、舞台场景的构建

对于企业这个"舞台"来讲,良好群体氛围的营造就是要从舞台场景的构建开始。舞台场景是观众在观赏戏剧演出时首先映入眼帘的景象,是舞台上最直观的造型艺术。场景是表演舞台综合艺术中不可缺少的重要组成部分,其构建的优劣程度对表演效果的成功与否至关重要。好的场景构建,其形式不论是现代、传统、抽象或具象的,总能给观众以艺术的享受和思想情感上潜移默化的影响,能够引起观众的情感与精神共鸣,令人长时间记忆犹新。一方面,舞台场景可以设计和创造出有时代感、有地方特色、有生活气息、有个性主张、有风格主题的景、物、场，以产生与表演内容情景交融的艺术效果。另一方面，舞台场景可以形象地把演员、环境、空间和气氛有机地结合在一起，让观众的注意力和情绪、心理都能够紧紧跟随着剧情的发展并引起共鸣。此外，舞台场景还可以把表演所需要的环境、气氛、情调生动而具体地表现出来，并使不同内容的表演有着不同的意境，彼此之间能够形成鲜明的对比。可以说舞台场景的构建就是通过对场景的规划布置来经营表演场所的空间，舞台场景的构建在表演艺术中有着无可替代的地位并发挥着至关重要的作用。

　　没有舞台场景的布置构建，就没有戏剧表演这门艺术形式。恰到好处的舞台场景构建能够渲染舞台表演的氛围，以加深观众对舞台表演的印象。同时，舞台场景构建作为舞台美术设计不可或缺的一种表现形式，它能够有效地扩展舞台表现的空间，同时加强时间和空间之间的对比，从而保证了舞台表演的顺利进行与最终的效果呈现。

　　通过"企业凝聚力影响因素的界定"这一章节中的

论述可知，"群体氛围"因素中的一项重要组成内容是企业文化，而企业文化的内容包含三个层次，分别是理念层、制度层和符号层。其中，符号层是企业文化的外在体现和物质载体，涉及企业的基本标识、企业的自然环境和建筑、企业的文化体育生活设施以及企业的徽标、旗帜、歌曲等内容。这些对于企业这个舞台来讲，加强以上层面的建设都可以看作是对舞台场景的构建，因此，企业可以借鉴表演艺术中有关"舞台场景构建"的理论知识，对自身的景观、建筑、标识、设备等各方面的"舞台场景"加以特色化、个性化以及具有针对性的构建和布置，以达到对企业舞台场景的氛围渲染，加深员工乃至客户这些"演员""观众"对企业的外在视觉印象，把员工、环境、空间和气氛有机地结合在一起，为员工营造舒适、怡人且极具带入感的工作环境，让员工在工作中保持愉悦的心情和轻松的状态，实现企业良好群体氛围的营造。

二、戏仿理论

戏仿，是在创作者自己的作品中对其他作品所进行的一种借用，用以达到调侃、嘲讽、戏谑或者是致敬的目的，属于一种特定形式的"二次创作"。而戏仿的对象往往是那些广为流传、人尽皆知、大众流行的艺术作品。据考证，"戏仿"一词源于希腊语"parodia"，意为"相反的歌"，其中前缀"para-"有"对立、反面"之意。后来"戏仿"逐渐被运用到文学领域，用以指代两个文学作品之间特殊的模仿对应关系，而之后的研究者又在此基础之上将"戏仿"的概念进行了进一步的扩展。西蒙·丹蒂斯认为"戏仿"可以指"任何以相对引发争议的方式对其他文化产品或行为进行暗指、模仿的文化实践"。因此，对"戏仿"的应用就不再仅仅局限于文学领域，而是可以应用在包括行动的、策略的、情境的等更为广阔和丰富的范围。

需要特别说明的是，对"戏仿理论"传统意义上的理解和较早的相关研究，并没有将其列入"褒义词"的行列。而是将"戏仿"理解为"滑稽、戏谑的模仿"，与当今网络影视中流行的恶搞、拼凑混为一谈，进而忽略了"戏仿"的正面特性和积极作用。曾有学者指出，在希腊文中，词缀"para-"除了有"对立、反面"之意外，

第四章 与企业凝聚力影响因素相适应的表演艺术相关理论知识

还有"并列、旁出"之意,而这一点却常被忽略。因此,"戏仿"的作用便在很大程度上被低估了,进而成了故作滑稽、刻意搞笑,甚至多少有些"不怀好意"的行为。直到后来的一些学者开始意识到先前的研究存在对"戏仿"的偏见与错误,提出了一些"修正性"的观点,并在相关研究中通过列举大量的小说和电影等艺术作品,来证明"戏仿"的内涵与后现代主义的反对权威、追求多元化、开放性的精神内涵相一致,从而从新的角度证明了"戏仿"的正面效应与积极作用。

龙欣欣在对比和归纳了有关"戏仿"概念的一些代表性观点后,给"戏仿"界定了较为准确的定义:"戏仿"即用嘲讽、调侃抑或致敬的心态去模仿或解构原作品,在重构的新文本中,传达深刻的审美内涵,使受众在放松自由的氛围中,达到一定的美感体验。并且指出在当下的喜剧影视作品中,"戏仿"在创作、传播过程中占据着重要的位置,其丰富的审美内涵也受到了广大受众的普遍关注。"戏仿"手法的运用,能够使得影视作品以一种不一样的美学形式呈现,丰富了艺术作品的表现形式,呈现了多样化的审美感受。同时"戏仿"对于经典作品的模仿与解构,不仅为大众娱乐注入了新的血液,而且使艺术作品更能够体现不同历史时期的人们在思想与精神状态上的变化,为作品赋予了新的思想内涵,启发人们进行更多的思考与历史反思。但同时需要特别强调的是,"戏仿"不同于恶搞,"戏仿"固守并坚守着娱乐的道德底线,但必须做到娱乐有度。

对企业来讲,良好群体氛围的营造自然少不了轻松、幽默、娱乐、欢笑元素的存在,而如何对这些元素进行充分地挖掘并融入到企业日常的生产经营当中,对表演艺术中"戏仿"相关知识理论的合理借鉴和运用便是企业可以重点考虑的一种选择,做到既利用其"嘲讽、调侃抑或致敬的心态去模仿或解构某一源艺术作品以传达深刻的审美内涵,使受众在放松自由的氛围中达到一定的美感体验"的这一特征,同时也做到"不同于恶搞,固守并坚守着娱乐的道德底线,做到娱乐有度"。

三、表演艺术实践

对于演员来说,"艺术实践"对其自身能力的培养和发展是非常重要的。表演是一种具有很强实践性的艺术

第四章 与企业凝聚力影响因素相适应的表演艺术相关理论知识

门类，空有理论方面的高深知识，而缺少表演实践方面的经验，是达不到表演的实际需求的。表演实际上是对演员所掌握的理论知识合理化运用的实践结果。演员可以在表演实践的过程中发现自身的优缺点，快速找到自己亟须解决的问题，并探索解决问题的方法，同时获得丰富的表演实践经验。不仅能够增强自信心，而且能够增加自己的勇气，为自己今后的表演积累宝贵的经验。此外，艺术形式的创新同样离不开艺术实践，只有在实践中锻炼，才能有所发展，有所创新，创造出新的符合时代要求和观众需要的艺术形式。

借鉴表演实践的知识，企业管理者也应组织员工开展表演艺术的实践活动。管理者组织的艺术实践活动与企业的日常经营进行有机地相互结合，将能够有效地促进企业成长和发展。艺术活动在企业发展的进程中，既可以促进企业的生产经营，也可以促进富有新内涵的企业文化的形成。

有研究对中国的三家不同性质、不同行业的企业的150名不同年龄、不同岗位的员工进行了题为"企业是否需要组织和发展文化和艺术活动"的问卷调查。结果显示，有接近80%被调查者的选择是"需要"，可见企业开展表演和其他艺术形式的实践活动对员工有着巨大的吸引力。

对于演员来说，表演的实践为其发现自身在表演理论与技能上所存在的问题与不足提供了有效途径，同样，在企业的日常生产经营中所有意营造和随机出现的"表演情境"下进行的表演实践，也为企业良好群体氛围的营造提供了有效的途径。在有意营造的"表演情境"下，例如企业所组织开展的年会、文艺晚会、部门内部聚会等等，这些都可以被看作是有意营造的"表演情境"，而在这样的"表演情境"下让企业的"导演""演员"进行表演实践，能够对企业运营和发展产生积极的促进作用。一方面，这样有意营造的、构建了特定"舞台场景"的集体聚餐、聚会等艺术实践活动能够以它独有的魅力对员工的精神和心理产生强烈的影响，提升员工的精神品质；另一方面，这样的表演实践活动能够组织企业全员或者一个部门内部的所有员工共同参与，能够促进员工彼此之间的相互交流，增进相互之间的了解，进而增强群体的集体意识和团队意识，激发出全体员工的积极性，

第四章　与企业凝聚力影响因素相适应的表演艺术相关理论知识

这些都是企业形成良好企业文化的思想与心理基础。此外，正如演员通过表演实践来建立自信和增加勇气一样，员工通过企业所组织开展的多种艺术形式的表演实践，能够有平台和机会展示自身的特长和才华，特别是在其他同事的注视之下完成精彩的"表演"，也能够极大地提升员工的自信与勇气，并将这种自信与勇气带入到自己的工作中，发挥积极的作用。而在随机出现的"表演情境"下，例如某一次开会时的发言、领导与下属之间偶遇时的交流、日常与同事之间的交际互动等等，这些都可以被看作是在日常的工作和生活中随机出现的"表演情境"，而在这样的"表演情境"下企业的管理者和员工同样应该担任好"导演""演员"的角色，在这样的"表演"过程中可以保持身心的放松，坚定自己的"信念感"与"真实感"，借助"戏仿"让氛围更轻松，经过台词训练让表达能力更突出，等等，通过对已经介绍的和后续将要介绍的表演艺术相关理论知识的运用，来实现"随机表演情境"下的良好"表演"效果，实现对企业日常管理和经营工作、员工之间人际交往的促进。

因此，企业借鉴表演艺术中有关表演实践的相关知

—— 101

识理论进而开展表演艺术实践活动是非常必要的。企业应当善于通过组织和开展形式多样、内容丰富的表演活动而有意营造"表演情境";利用各种条件下出现的随机"表演情境"来做好企业的表演艺术实践,实现对员工精神和心理上的积极影响,带来员工全员参与而产生的良好互动,塑造"演员"因自身成功的表演所随之而来的自信和勇气;并借助一系列表演艺术的相关理论知识对企业日常经营管理、员工之间人际交往、交流互动带来积极的影响;等等。这些都有利于企业和团队良好群体氛围的形成。

第四节 与"领导方式"因素相对应的表演学知识理论

在表演艺术的相关知识和理论中,与企业凝聚力影响因素中的"领导方式"因素对应性较为突出、代表性较为典型的内容是演员的"七力四感"。

要成为一个具有专业素养的演员,"七力四感"是最基本的素质,也是需要在表演学习的过程中始终关注、长期磨练、持续强化的一种能力。一名演员"七力四感"能力的优劣,直接决定着其所塑造角色的观众相信度和角色的鲜活度。这是因为演员在表演创作的过程中所要完成的任务,是要创造出有着艺术学、美学价值的角色形象,这不仅是对一名演员的总体素质所提出的严格标准,更是对演员的创作素质提出的必然特殊要求。除此之外，表演还是将创作素材、创作工具和创作作品的特点进行"三位一体"展现的艺术，这同样对演员的创作素质提出了特殊的要求，即要求演员在表演创作的过程中具备一些用来适应创作需要的特殊能力和感觉，而这种对演员创作素质的特殊要求，演员在表演创作过程中所应具备的特殊能力和感受，就是"七力四感"。

梁伯龙、李月两位学者在他们的著作《戏剧表演艺术》中，对"七力四感"的理论知识做了较为详细和系统的阐述：

"七力"是指敏锐而细致的观察力，积极而稳定的注意力，丰富而活跃的想象力，敏锐而真挚的感受力，真实、准确而合理的判断与思考力，灵敏而细腻的适应力，鲜明的形体和语言的表现力。

第一，敏锐而细致的观察力。艺术源于生活而高于生活，"生活"是艺术创作的源泉，表演艺术的创作自然也无法离开"生活"这一源泉。因此，培养与发展观察生活的能力是演员的基本功当中非常重要的组成部分。演员的观察力，是要在演员有意识地、长期不懈地对生活的努力观察中逐渐培养起来的；而在对生活内容的观察中，对于人的观察是尤为重要的，因为表演艺术是对人的表现艺术，演员在生活中所进行的自我积累的焦点，应自然而然地集中在对生活中的人的观察上，一个演员应该做到时时刻刻都能够"目中有人"，把目光总是投向生活中那些千差万别、风采各异的人群身上。而一个演员要想从对生活的观察中能够有所收获，那么敏锐细致地捕捉人物形象外部特征、了解与感受所观察的人物的心理特征的能力是必须要具备的，这也就是所谓的"敏锐而细致的观察力"。

第二，积极而稳定的注意力。演员在进行表演创作的过程中，由于受到自己的内心活动、舞台场景内外的观众、生活的世俗纷扰等各种个人或外界因素的干扰，自己的注意力往往难以持续专注地集中于表演创作上。这就要求演员在进行表演创作的时候，必须具有积极的、稳定的和持续发展的注意力。这种注意力是演员在舞台上进行"真实"生活与行动的基础，如果一个演员没有这种在表演创作时的注意力，就不能专注于自己的表演创作，不能把注意力集中在自己表演行动的对象上，不能在舞台上真正地行动起来，那么他在舞台上就不可能

"真实"地去感觉、去交流、去创作，这样就必然使自己的表演失去了真实性、能动性、生动性。因此，演员在表演创作的过程中，应当把自己的注意力积极而稳定地集中在自己的表演行动这个对象上，并且能够随着表演行动的发展而将注意力也持续不断地发展下去。

第三，丰富而活跃的想象力。任何一种艺术创作都离不开想象，演员的创作自然也不例外。想象在演员的表演创作中不仅起到对表演内容进行补充与深化的作用，还能够促使演员产生丰富的情绪体验与积极表演行动的渴求。演员必须要运用自己的想象力把表演剧本的创作者所提供的情境、事件、人物等线索和信息加工得更加具体和丰富起来，从而使剧本中简单的舞台提示、人物动作、角色关系、矛盾冲突、台词语言等都得到相应的充实和深化。演员的想象具有强烈的行动性这一特点，就是说演员的想象不能仅仅停留在静态描绘的层面上，而是需要能够更具体地、形象地、生动地想象出所需要扮演的人物角色特有的心理和形体动作，只有具备这种充满强烈行动性的想象，才能促使演员在表演创作的过程中也积极行动起来，激发出演员的主观能动性。此外，演员在表演创作的过程中还应当具备即兴想象的能力，因为演员在出演同一个人物角色的时候，为了避免机械性地重复之前的人物塑造效果，需要在每一次表演创作的时候与同台演员合作，通过与同演者的互动并接受彼此所给予的舞台刺激而产生即兴的想象，从而进一步丰富和改进自己的临场表演创作，使之变得更加鲜活、生动且富有新鲜感和创造性。

第四，敏锐而真挚的感受力。在生活中，人们接受外界事物的刺激时总会产生某种感受，并随之引发出相应的情绪变化，这种能力被称为感受力。演员所应该具备的感受力，是一种能够在表演艺术虚构的情境中感受来自各方客观事物刺激的能力。在表演艺术创作的过程中，演员在塑造一个人物形象时很重要的一个方面就是能够充分展现出这个人物角色内心的情绪体验，而是否拥有敏锐且真挚的感受力，正是一个演员能否做到这一点的最为重要的保障。在表演艺术创作中，演员所接受的刺激并非是像来自生活中的那样真实，而是一种艺术加工与创作的虚构。因此，演员往往在感受这种"虚拟"刺激的时候难以充分创造出角色人物的情绪体验，从而导致的可能结果就是以虚假的表演将角色的情绪展现出来。一个具有良好演艺素质的演员，应该能够非常敏锐地、非常真挚地去感受剧本情节所提供的人物动作、内心情感、角色关系、矛盾冲突等所有事件带来的影响和体验，布景和灯光所营造出来的氛围，同台表演者的一举一动、只言片语乃至是一个微妙的眼神、一声轻轻的叹息等所给予的刺激，然后从中引发出相应的情绪体验。一个优秀的演员，在生活中也一定是一个对生活充满着热爱，待人以真诚和热情，爱憎分明的人。

  第五，真实、准确而合理的判断与思考力。演员判断与思考的能力，就是要求演员在表演创作的时候，在虚构的情境中，也能够像在实际的生活中一样进行随时随地、真实、即兴、合理地判断和思考。在表演艺术创作中，演员创作心理活动链条上的另一个重要环节就是判断。演员创作素质的一个重要方面，就是在表演创作中，基于真正的感受，对不断出现的情境进行判断的能力。而要进行正确合理的判断，则在很大程度上又依赖于思考。演员是否具有判断能力，在一定程度上就是演员在表演创作时是否具有思考的能力。一个演员要在表演创作的过程中做到像在生活中一样地进行思考与判断，是一件较难的事情，因为表演创作中的情境是一种艺术的虚构，剧情中所发生的一切事件的结果都是预先已经设定好的，在其表演创作的过程中，特别是在展现人物角色激烈的心理冲突的时候，如果不对人物角色的心理活动进行真实、准确而合理地思考与判断，而是不假思索地直奔结果，那么就只能是在假装和做作地表演，以致无法创造出角色人物真实的内心活动，使其所扮演的角色显得苍白而无力。

第六，灵敏而细腻的适应力。表演创作中的"适应"，就是要求演员能够时刻适应表演内容所限定的各种情境下给予的各种刺激，能够时刻适应表演过程中同台表演者所给予的各种刺激，并且通过灵敏而细腻的适应方式去展现所塑造人物角色的思想和情感，是体现和揭示人物角色思想和情感的有力手段。具有灵敏而细腻的适应力的演员，在表演上常常能够创造出十分明确、鲜活、玄妙、绚丽的表演方式，使其所塑造出来的人物角色生动活泼。而缺乏这种能力的演员往往会在表演时呈现为千篇一律，所塑造的人物角色也绝不会是十分鲜明和生动的，而只能是使观众感受到浓烈的枯燥和乏味感。演员的适应力，一方面受到演员对日常生活的积累、道德修养、文化涵养以及艺术素养等方面注重程度的影响，另一方面则是与演员的注意力、想象力、感受力、判断力等能力有着密切的联系，因此可以说演员的适应力是建立在上述能力的基础之上的。

  第七，鲜明的形体和语言的表现力。演员在塑造人物形象时所追求的理想境界，应该是既有真挚、深切、细腻的内心体验，又有准确、鲜明、生动的外部体现。只有这样，演员所创造出来的人物形象才可能会表里如一、形神兼备。因此，一个优秀的演员，其表演艺术素养除了应该具备能够在表演创作中进行真实体验的能力（内部心理素质）之外，还应该同时具备能够将自己的内心体验进行非常鲜明地外在表现的能力。只有通过外在的表现，才能使演员的内心体验具有可视性，才能诉诸观众，为观众所感知。因此，表演艺术的目的不是为了让演员沉醉在自我体验的享受之中，而是要把这种对情境、情节、角色的体验展现给观众，使观众受到感染，甚至受到震撼，进而让观众有所认知、有所感悟、有所收获、有所思考。而演员用以展现自己在表演创作中内心体验的途径主要有两个，分别是形体和语言。其中，形体的外在表达主要包括三个方面的途径：眼神、手势、步态；语言的外在表达则主要通过对台词的音色、语调、语气等方面进行控制与变化得以实现。一个具有良好创作素质的演员，应该是经过长期刻苦的训练，使自己的形体和语言都具有充分的可塑性，进而达到"天然完美"的状态。

"四感"则是指演员所应当具备的真实感、形象感、幽默感和节奏感四个方面的特质。

第一，真实感。由于演员的表演创作总是在虚构的情境中进行，所以演员应该具有真挚的信念和适度的真实感。真实感是表演艺术特性所要求演员必须具备的一项基本素质，演员需要把艺术的虚构创造成为令人信服的艺术真实。表演艺术的特性决定了演员所表演的一切都是"假的"，而演员在进行人物塑造的表演创作时就需要把这一切"假的"都"信以为真"，只有当演员把这些艺术的虚假看作是客观存在的真实，他的表演才是可信的，反之则一切都将变得毫无意义。一个演员要让舞台上所发生的一切都使自己相信，使同台表演者和观演的观众相信，相信演员在舞台上进行艺术创作时所体验到的情感是真实的，所进行的活动是真实的。一个演员在表演创作的过程中，如果能够达到像孩子们玩"过家家"游戏时一般的真实感，这个演员才有可能成为一个优秀的表演艺术家。

第二，形象感。表演的形象感可以理解为演员通过自己的表演创作来塑造出不同人物角色形象所具有的内外部个性化特征的能力和素质。由于演员需要创作和塑造出千姿百态、性格迥异的人物角色形象，因此，演员应该具有善于捕捉人物特征的形象感。在现实的工作与生活中，人们的形象气质和个性特征都是各不相同的，演员的表演就是要在舞台和银幕上通过自己的艺术创作塑造出这些千态万状、生动鲜活的人物角色形象，并且能够做到有板有眼、以假乱真，而不能是千人一面、千篇一律。

第三，幽默感。一位既熟练掌握了表演方法和技巧，同时又拥有幽默感的演员，他的表演艺术创作往往是具有较高艺术魅力并容易感染到他人的，因此，幽默感对

第四章 与企业凝聚力影响因素相适应的表演艺术相关理论知识

于所有从事表演艺术的演员来讲是一项十分重要的素质。通常来讲，任何演员都不可避免地会在不同的剧本中遇到喜剧的情境，需要演员塑造出相应的喜剧人物形象，故而演员应该具有幽默感，并可以通过自身保持乐观开朗的心态、积极投入生活和工作、注重日常生活中灵感和素材的获取与累积等方法，实现对幽默感的培养。其中，有一点需要特别注意的是，演员的幽默感是要在真实表演的基础上自然展现出来的，而不能是矫揉造作、刻意为之，一切故意表现出来的所谓的"幽默"，都是做作、过于夸张、不真实的。

第四，节奏感。表演的节奏感是表演艺术创作的一项十分重要的组成部分，对表演最终的呈现效果有着直接而关键的影响。一个演员的表演如果失去了节奏感，那么也就失去了"灵性"。恰当的节奏感可以使演员在表演创作时所塑造的人物形象更加鲜活突出、情境气氛被调动得更加积极、作品呈现出的旋律感也更加强烈，进而推动整个表演情节起承转合地向高潮发展，并牢牢吸引住观众的注意力。如果演员在表演创作的过程中，有意无意地在表演的节奏上出现"平""温""拖"的情况，则都会给观众展现出萎靡不振的消极感受。因此，为了使表演的过程紧凑而富有吸引力，避免让观众感觉到枯燥乏味，演员应该具有适应角色和剧情发展所需要的节奏感。

以上这些表演艺术中"七力四感"相关的知识和理论，对于企业管理者强化自身的领导能力与方式来讲，同样是十分必要且重要的。在企业这个"舞台场景"下，企业管理者与员工、客户之间的活动可以被看作是导演与演员、观众之间的互动，且在不同的情境下彼此间的角色关系会发生相互转换。因此，在企业日常的管理经营过程中，管理者是一定会遇到某种特定的情境而需要运用到上述"七力四感"能力中的一种或几种进行处理的。例如：管理者对员工在工作中的状态了解需要"敏锐而细致的观察力"；在如今信息爆炸的时代，面对每天接踵而至、纷繁复杂的大量信息，管理者要能够对其中的虚假信息和不断出现的各种挑战有着"真实、准确而合理的判断与思考力"，对其中的关键内容和核心问题保持"积极而稳定的注意力"；团队或部门内部在对某个问题进行头脑风暴、集思广益时，管理者要有"丰富而活跃的想象力";管理者对于员工所提出的在工作和生活中遇到的困难和问题,要有"敏锐而真挚的感受力"来感同身受;面对日渐加快的工作和生活节奏以及日益增加的来自各方面的压力,企业管理者需要有"灵敏而细腻的适应力";而在管理者与员工、客户之间每一次正式或非正式的交流和沟通过程中,为了让自己所要表达的观点清晰明确,就需要有"鲜明的形体、语言的表现力"和合理恰当的"节奏感",为了让对方感受到自己的真诚并能够信服,就需要有足够的"真实感",为了保持与自身管理者身份相符的气质和气场,就需要具备必要的"形象感",而要让沟通的氛围较为轻松愉快,适当的"幽默感"是必不可少的,等等。在企业的日常经营与管理中,类似以上这些需要企业的管理者具备良好的"七力四感"能力的情境还有很多,因此,一位拥有良好领导方式的企业管理者,应当不断提高和加强自身在"七力四感"这十一个方面上的能力和素质,努力成为员工心目中优秀的管理者,使员工产生主动追随和服从的意愿,进而实现企业凝聚力的提升。

第五节 与"以人为本"因素相对应的表演学知识理论

一、演员的"解放天性"

"天性"一词用在表演艺术当中是始于19世纪,体验派戏剧表演大师斯坦尼斯拉夫斯基充分总结当时戏剧舞台表演的成功经验,结合表演创作实践,首先提出了"有机天性"这一问题,并将其视为一种科学的表演艺术理论并对具体的表演创作实践进行指导。于是,解放"有机天性"便开始成为体验派表演在其教学工作中的一项基础任务和目标。需要注意的是,这种天性的解放,并不是把人的原始兽性、非道德性等负面本性都解放出来,斯坦尼斯拉夫斯基所提出的在表演过程中要解放出来的天性是"有机"的,是对于演员的表演实践能够被开发利用,进而有所受益的天性部分。而"有机天性"所包含的具体内容,主要是人的生理机制与心理机制综合的集中反映和表现。从生理的角度出发,它是人类行为所遵循的自然法则;从心理的角度出发,它是人类思想、情感、意识等内在活动的自然地外在表露。概括地讲,所谓"有机天性"就是人类对自然、对社会的本能行为和能动反馈。

1984年,中央戏剧学院开办了一期表演教师培训班,由英国皇家剧团的教授肯尼思·李来进行表演展示。在表演展示的过程中,肯尼思·李教授带来了很多新的表演方法,这些新方法后来被人们用"解放天性"这个词来代表,于是我国的表演教学中有了"解放天性素质训练"这个概念。自此以后,国内各大院校的艺术专业逐渐将"解放天性"应用到表演教学当中。演员运用"解放天性"来开启表演的大门,使表演不再以牵线木偶式的、程式化的效果展现出来,而是先通过"有机天性"的解放,把原本束缚在演员内心深处的潜能挖掘出来,找到真正的自我本性,然后在完全释放、毫无拘束的基础上发挥想象,就像孩子般那样天真、纯粹地去玩耍、去创作,这样所塑造出的人物形象才是真实可信的。演员良好的表演创作状态,就是"演员的创作天性与创作个性不受任何人为控制的充分的自我发挥、自我展现与自我发现"。

"解放天性"的训练方法对于我国的表演艺术领域来讲,从20世纪80年代引入以后就一直起着非常重要的作用。它像一把钥匙,为很多表演者打开了通往表演艺术道路的大门;它像一盏明灯,为演员在表演道路上的行进指明了方向;它像一位良师益友,保护着在表演事业上摸爬滚打的演员们的身心健康。它可以让演员放松自我、释放潜能,它有利于演员对真实感的把握、信念感的养成,它有助于演员提高自身的可塑性、亲近角色并多角度地塑造角色,它有利于演员对于角色的带入和跳出、能够抓住每次塑造角色的新鲜感。由此可见,"解放天性"对于一个演员的表演创作实践来讲,有着十分重要的实际意义。

如今,经常会有来自各行业领域的企业员工,特别是90后、00后的年轻员工通过各种网络社交平台抱怨着自己的工作现状，其中不乏对所在工作岗位以及所从事工作的内容无法发挥自身特长、找不到当前工作的价值和意义、自己的想法得不到倾听而只能接受被安排的苦闷与巨大压力等现实情况所表达的不满。而出现这种状况的重要原因之一，就是在企业的日常管理经营中没有充分地做到"以人为本"。员工在工作中也应该如同演员在表演创作中那样，能够充分地放松自我，自己的身心能够保持愉悦和健康，同时自己的能力和特长在工作中得到充分地自我发现、自我发挥、自我展现，并能够从当下的工作经历中提高自身的可塑性，挖掘出自身更大的潜能，从而愈发找准自己的角色定位和自我价值，不断地收获进步和成长。而这些就需要员工的"有机天性"也如同演员那般得到充分地"解放"。

二、演员的"角色分析"

"角色分析"可以理解成是上文中与"精神激励"因素相对应的"剧本分析"理论的一部分，但却又相对独立。一方面，演员在进行剧本分析时，自然要对自己在剧情中将要扮演的角色进行细致、认真、全面、深入地分析。另一方面，演员对剧本开展分析，在一定程度上就是为了使演员能够更加准确、更加深入地理解和把握自己所要扮演的角色。

角色是通过演员的表演来塑造的，无论演员所扮演的角色形象与自己原本的内外在特质反差有多大，最重要的一点就是演员要能够让观众充分信服自己所扮演的人物角色。创造一个角色形象，要从反复阅读剧本开始，并且要找到演员在分析角色时最为本质的一个问题的答案——我是谁？并通过不断认真、深入地分析，从生理、心理、地域、社会等各个层面上找到自己与人物角色之间彼此相通的特性。只有做到如上述这般的"角色分析"，演员才能够在自己的表演创作过程中展现出所塑造角色的真实情感和意愿。此外，演员在进行角色分析时，还要做好以下几个方面的具体工作：明确所塑造角色的行动发展脉络，把握所塑造角色的持续活动和最终目标，探寻所塑造角色的内外在个性特征，厘清所塑造角色与其他角色之间的人际关系，认清所塑造角色在整体剧情中的地位与作用等。

演员进行"角色分析"除了需要展开相应的自我行动之外，导演对演员的引导也是其中非常重要的一个组

第四章 与企业凝聚力影响因素相适应的表演艺术相关理论知识

成部分。对于演员所要塑造的角色形象，导演一般会对演员提出一定的要求，有的导演会要求得比较具体、细致，有的导演则会处理得比较模糊。演员一方面需要在对剧本总体分析的基础上，对所要扮演的角色进行认真、细致的分析，而另一个不容忽视的方面就是要充分理解导演所提出的角色要求，这是演员理解角色、创作角色、准确表现角色的重要保障。

在企业这一"舞台场景"下，管理者和员工之间的"角色分析"可以看作是员工（演员）自我进行的，或者是在管理者（导演）引导和指导下进行的对自己事业发展脉络的明确，对自己工作中的阶段行动和最终目标的把握，对自己原本的和在工作中所需承担的角色内外在特征的探寻，对自己与其他员工之间人际关系的妥善处理，以及对自己在企业中的总体地位与所发挥作用的清晰认知，等等。这与"以人为本"所倡导的自我发现、自我展现、长远规划、全面发展、自我地位和价值的明确等理念是十分契合的。因此，企业可以借鉴表演艺术中"角色分析"的相关理论知识来促进"以人为本"的落实与优化，特别是企业的管理者要为员工提供充分进行"角色分析"的时间和空间,并给予必要的引导和帮助,最终借助"角色分析",让员工在企业中的职业生涯得到更合理、更全面、更适合自己的发展。

以上就是表演艺术的专业理论和知识中,与"精神激励""沟通""群体氛围""领导方式""以人为本"五个企业(团队)凝聚力影响因素相契合的较具有代表性的部分内容。由于表演艺术发展到今天,表演的文化、理念、形式、方法等各个方面的理论知识与实践方法日新月异,不断涌现出新的门类和派别,且各具特色,丰富多彩,加之科学技术的快速发展也在不断推进着表演艺术全面的变革与进步。

第五章

"企业凝聚力与表演艺术"理论模型的建立

第五章 "企业凝聚力与表演艺术"理论模型的建立

通过本研究在前面几个章节中进行的分析、归纳和概括，首先确定了影响企业凝聚力的八个方面的普适性因素，之后以表演艺术的特点为依据，对这八个影响因素进行了相应的修正，最终界定出能够与表演艺术相关理论知识建立直接关联性的五个影响因素，分别是：精神激励、沟通、群体氛围、领导方式、以人为本。在此基础上，本研究进一步在表演艺术领域的专业理论知识中，分析并列举出与每个影响因素相契合的、较具有代表性的部分内容，分别是："演员身心放松""真实与信念感""剧本分析"与"精神激励"因素相对应，"表演中的沟通"与"沟通"因素相对应，"舞台场景构建""戏仿理论""表演的实践"与"群体氛围"因素相对应，

"演员的'七力四感'"与"领导方式"因素相对应,"解放天性""角色分析"与"以人为本"因素相对应。

据此,本研究认为:提升一个企业或团队的凝聚力,可以通过加强对五个凝聚力影响因素的建设得以实现,而强化上述五个层面的建设则可以尝试通过借鉴和应用分别与之相对应的表演学知识理论来落实和完成,进而本研究提出一个在"管理学"与"艺术学"之间建立起直接对应关联的理论模型,即企业凝聚力与表演艺术理论模型。如图5-1所示:

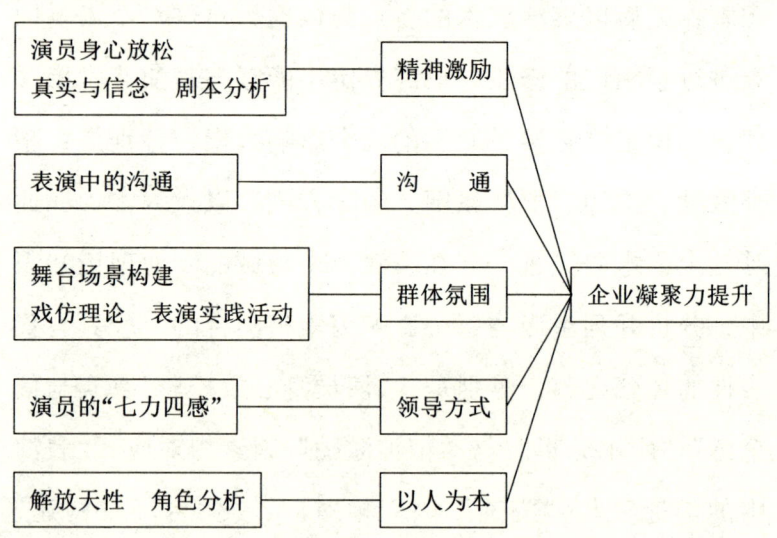

图5-1 企业凝聚力与表演艺术理论模型

第五章 "企业凝聚力与表演艺术"理论模型的建立

这一理论模型的提出,是作为边缘学科的管理学在交叉学科研究中,首个与表演学知识理论建立起直接对应联系的理论模型,该研究成果不仅拓展了管理学跨学科研究的宽度,推进了管理学艺术性研究的深度,更是使得原有的管理学与艺术学之间关联性的研究从较为零散、碎片化的状态,进而转向更加系统、科学、体系化的研究方向与思路,是本研究的一项突出且重要的理论创新。而在实际应用中,企业一方面可以对照该模型分析出自身在凝聚力建设上的薄弱环节,并有针对性地采取相应措施进行改善与提高;另一方面,企业不仅可以借鉴模型中所涉及的表演艺术理论知识,亦可以参考该模型的框架结构,对其他艺术领域的专业知识理论进行借鉴,以提升自身的凝聚力。

当然,对于多数的企业管理者来讲,将该模型应用于企业的管理实践过程中,的确存在着一个不可回避的现实问题,那就是对表演艺术以及艺术学所包含的其他专业领域的陌生。也就是说,即便企业凝聚力与表演艺术理论模型明确指出了与每一项凝聚力影响因素所对应的表演艺术知识,很多企业管理者也并不能透彻地理解到底该如何借鉴这些表演知识来制定实际工作中的有效策略。因此，本研究将在接下来的一章中以企业凝聚力与表演艺术理论模型为依据和支撑，对应凝聚力影响因素的五个层面，提出一系列借鉴和应用相应表演学知识理论以实现企业或团队凝聚力提升的具体方法，从而为企业提升自身凝聚力的管理实践提供更加直接的决策参考与支持。

第六章

借鉴表演艺术理论知识提升企业凝聚力的方法

第六章 借鉴表演艺术理论知识提升企业凝聚力的方法结

第一节 加强精神激励的方法

一、放松员工的身心

管理者要对员工进行精神上的激励，首要的一点是在开始工作之前，或是在工作进行到一定阶段后，让员工的身心能够得到应有的放松，以保持良好的心理和生理状态，从而激发出员工最好的工作状态。表演学知识理论中有关放松身心的训练方法很多，其中企业能够直接借鉴和应用的方法主要有两种：全身活动训练和呼吸训练。

一方面，演员在开始表演前可以通过全身性热身活动进行身体上的放松。按照"头部—颈部—肩部—手臂—手—胸部—腰腹部—腿部—脚"的顺序，进行身体各部位的活动,开合伸缩,摇摆晃动,收紧放松,从上到下、由点到面地彻底活动一遍,以带动整个身体在表演创作的过程中达到最佳的敏感与灵活状态。另一方面,呼吸是一种很重要的调节紧张的方法。身心的放松首先必须是呼吸得自然。在演出前可以练习用胸腹式呼吸法做深呼吸,吸气过程要深、要满,呼气过程要慢、要匀,把全部的注意力集中到呼吸上,做不少于六次的慢速深呼吸,头脑中想象着所有的紧张情绪都将随着深呼吸的进行而离开身体。这是一种最简单方便、最有成效的消除紧张心理状态、恢复心理和生理平静的方法。此外,不论是活动训练还是呼吸训练,都要排除心中所有的杂念。杂念通常是以一种内心视像的形式出现的,它干扰了人们正在进行的心理与外在活动,使内心的注意力出现分散,思绪变得杂乱。而排除杂念则可以通过自我疏导、外在宣泄以及转移注意力等方法实现。

借鉴上述表演知识理论,企业管理者可以通过以下方法放松员工的身心:

第一,组织员工进行全身活动。企业可以设立一个独立的空间或区域,在每天工作开始前、结束后或者在某个规定的特定时间内,组织员工进行全身性运动。这种活动可以是仿照演员放松时所进行的"头部—颈部—肩部—手臂—手—胸部—腰腹部—腿部—脚"的顺序来做舒缓运动,也可以请专业的指导或者教练编排节奏动感、动作新潮的现代舞蹈或者健身操。条件允许的企业,可以建立篮球、羽毛球、乒乓球等运动场地,鼓励员工在恰当的时间里进行适当的体育运动。在组织和鼓励员工进行运动放松的工作上,很多西方发达国家的企业已经走在了前列。例如,总部位于首都斯德哥尔摩的瑞典知名运动品牌"比约恩博格",已经连续多年在每个星期五的工作时间里,必须关门一个小时的时间并强制要求所有员工去企业周边的健身房进行运动。对于这一规定,该企业的一名员工表示企业中的多数人都认为,这是在一周的工作时间中非常好的一项安排。而斯德哥尔摩大学的一项研究结果也显示,工作时间内的运动放松对企业主和员工来说都是有益处的,工间健身使得员工因请假而减少出勤的情况降低了超过20个百分点。

第二,引导员工调节呼吸、放松精神。企业可以在工作时间内的某一特定时间点,通过广播或者有线、无线耳机信号的传输,播放一些轻松舒缓、优美动听的音乐,引导员工在听音乐的同时进行闭目深呼吸,放空自己的大脑、放松自己的身体,使身心得到充分的松弛。此外,有条件的企业还可以设立富有特色的独立休息区域,员工可以在这一空间里吃零食、喝饮品,与其他同事畅所欲言,从而得到身心的放松。在这一点上,发达国家一些企业的做法同样值得借鉴,例如在欧美、日本等国家的一些企业都设立有特色茶水间,员工可以在工作间隙休息一下,补充精力,以便恢复自己的良好状态,做到更好地工作。这些茶水间往往与办公区域之间的距离很近,形成了极富特色和文化内涵的"小天地",员工在这里可以让自己的紧张情绪得到有效舒缓。表面上看这种放松似乎占用了一定的工作时间,但员工从休息区回到工作岗位后的状态可谓马力十足、事半功倍,反而能够带来更高的工作效率和更好的工作成效。

同样需要强调的一点是,企业不论是组织员工进行运动的身体放松,还是进行呼吸调节、特定空间的精神放松,都要引导员工做到像演员进行身心放松时那样,尽可能地排除杂念。要引导员工将自己头脑中的杂念、消极思想和负面情绪等，在放松运动的过程中宣泄出去，也可以在听音乐、调整呼吸的过程中排解出去，或者是在休息区域内进行自我调整或与其他同事交流而转移注意力来排除杂念，最终实现更加有效地身心放松，保持自己更好的精神状态和更有效率的工作状态。

二、加强员工的"真实与信念"意识

作为一名演员，要想培养自己的"真实与信念感"，是和其自身所具有的创作想象素质密不可分的。想要获得强烈的真实与信念感，必须进行创造性的想象，想象艺术中的虚构都真实地出现在自己的实际生活中，再把这种对生活想象的真实和信念感转移到表演的舞台场景上。此外，还可以通过唤起演员内心深处与艺术所虚构的情景相类似的真实的生活记忆，来掌握表演创作的逻辑顺序，这同样对演员"真实与信念感"的获得起到积极的促进作用。而在培养演员"真实与信念感"的训练方法中，有一种方法是非常重要的，那就是"无实物表演"。该方法让演员在没有任何真实道具的情况下，有目的性地完成在特定情境下的某一个动作或一系列表演创作。经过这种方法的训练，能够让演员的表演创作做到"无中生有"，进而对剧本中虚构的情境和假定的任务"信以为真"，最终产生强烈的真实感与信念感，并形成自己与所塑造角色之间相通的情绪体验。

  企业要加强员工的"真实与信念"意识，主要的途径之一是企业的管理者需要让员工能够对企业发展的目标和愿景有着充分的了解和认同，并且能够产生强烈的共鸣，进而在企业与员工之间建立起共同的发展目标和愿景，以实现对员工的精神激励。在这一过程中，企业的发展目标和愿景起初对于员工来讲，可以被看作是一种"创造性的想象"和"无实物表演"。目标和愿景都是需要企业通过持续的良好经营与发展在未来实现的，员工并不能在它们没有成为现实之前而真实地感受和体验到。因此，管理者加强员工的"真实与信念感"，就需要让员工能够对企业的目标和愿景产生"创造性的想象"，想象"目标和愿景实现以后自己同样收获发展和利益"的美好景象，让员工将自己带入到这种特定的"无实物表演"的情境下。当员工对企业发展目标和愿景实现情景有着积极而又富有创造性的想象，就能够促进员工产生对实现这种美好未来充分的真实感和坚定的信念感,形成自己积极奋进的思想意识与情感体验,从而达到精神激励的效果。围绕这一思路,企业强化员工"真实与信念感"的方法可以将管理者与员工之间的沟通作为载体,通过在沟通内容上围绕企业的发展目标和愿景为中心进行优化而展开,具体包括:

首先,让员工认识企业愿景的现实性。企业的发展目标和愿景是在对企业自身的综合运营情况、所处行业发展趋势、内外部客观环境等各方面因素进行了全面、深入、专业地分析与评估之后,所做出的科学、合理的决策,是可以通过企业全员的共同努力而最终实现的,并不是一个不切实际、盲目乐观且遥不可及的缥缈幻想。

其次,让员工感受到自己的重要性。管理者要让员工都充分相信,每一名员工的努力和付出,哪怕是在企业中所负责的工作内容最普通、最简单的员工,哪怕是看起来再不起眼、再微不足道的努力和付出,对于企业发展目标和愿景的最终实现都是非常重要且极为有意义的。让员工充分感受到自己的重要性,能够起到良好的精神激励效果。

此外，让员工明确愿景实现的效益性。管理者要告诉企业的每一名员工，企业发展目标和愿景的实现，能够给企业的所有人都带来良好的发展机会和直接利益。同时，伴随着企业的发展和效益增长，管理者在对员工进行精神激励的同时，也要切实做好物质激励的配合，要积极地给予员工合理的加薪、奖金或者分红，让员工实实在在地享受到企业每一步发展所带来的成果。这样能够促使员工完全地将企业作为自己事业发展的平台和依托，将个人的前途命运与企业的目标愿景紧密地联系在一起。

最后，让员工相信成功的可能性。企业管理者可以树立优秀典型或模范榜样，通过优秀员工的成功经历或成长的励志故事，不断强化员工的进步思想，提高员工对努力与回报、付出与成功之间的正相关认识，让员工相信成功是可以复制的，自己也可以像优秀员工那样取得优异的成绩，从而激发出员工强大的精神动力。

以上四种方法将有利于让企业员工相信实现企业目标和愿景的真实性，有利于员工想象到未来自己和企业一起成功时的美好情境，有利于强化企业员工对自身的前途命运与企业的目标愿景之间息息相关的信念感。通过以上方法所达到的精神激励的效果，能够激发出员工通过不断努力的、全身心投入的工作，将自己所相信的"无实物表演情景"——企业目标愿景的实现将给自己带来良好的发展机遇和丰厚的利益——最终变成现实。

三、管理者与员工一起进行"剧本分析"

当员工与企业已经建立了共同的目标和愿景，在一定程度上就等于企业与员工之间拥有了一个共同的"剧本"。而有了这个"剧本"之后所要开展的工作，就是需要明确如何参照该"剧本"，或者说如何以该"剧本"为指导来开展具体的行动。这时，在企业这个"舞台场景"下被看作是"导演"的管理者，应当同在该场景下被看作是"演员"的员工一起，或者是由导演来引导演员进行"剧本"的分析工作，让员工能够明确自己为了实现与企业建立的共同目标和愿景所能够采取行动的正确方向和具体内容，做到脚踏实地，有所憧憬，从而起到精神激励的作用。

导演和演员分析一个表演剧本，首先要讨论的就是结构。剧本结构就像是一张指引道路的地图，它将告诉在路上行进的人该以怎样的路线从起点出发行至终点，路程中需要经过哪些地点，需要做怎样的规划。所有的故事都是由开端、经过和结局（并不一定都是严格按照这样的顺序）所组成的，按照表演艺术的专业术语来讲，开端是第一段式，经过就是第二段式，结局是第三段式。据此，企业管理者同员工一起或引导员工进行"剧本分析"，可以从以下两个方面着手：

一方面，向员工进行愿景的阶段性分析。管理者可以引导员工对企业的长期目标和愿景进行分阶段地分析和理解。企业的总体目标和愿景往往是一个较为宏大的、长期的发展规划，如果员工只从总体上对这一目标愿景进行认知，则难以有深入的分析和充分的理解，甚至还可能对管理者产生"画大饼"的负面想法。因此，管理者应当引导员工将企业的长远目标和愿景划分成合理的若干阶段，例如初期阶段、中期阶段和长期阶段，或三年期阶段、五年期阶段和十年期阶段等进行分析和理解，这将更有利于员工对企业总体目标和愿景的认同和发展方向的明确，也更有助于目标愿景的最终实现。

第六章 借鉴表演艺术理论知识提升企业凝聚力的方法结

另一方面，从短期目标着手的工作具体化。不积跬步无以至千里，不积小流无以成江海。再宏大而长远的目标愿景要想最终得以实现，都必须从最基础、最具体的工作着手，一点一滴地开始做起，否则只能是好高骛远、不切实际。因此，企业的管理者在引导员工完成对总体目标愿景划分阶段的工作之后，要进一步引导员工以最短期阶段的目标愿景为依据，明确自己需要去完成的最为基础而具体的工作。例如，管理者可以首先将企业各职能部门的工作任务具体化，然后再由各职能部门的管理者将本部门每位员工的工作任务具体化。这样就明确了每一个部门、每一名员工为了实现与企业之间所建立的共同目标和愿景，所需要着手完成的"眼前的"实际工作。

企业管理者在引导员工完成这样的"剧本分析"之后，会让员工更加明确自己当下所做工作的意义和价值，更加相信自己当下努力和前进的方向是正确的，更加坚定自己正走在实现与企业的共同目标并带来自我发展、自我受益的道路上，更加憧憬自己美好的未来。这些无疑都是对员工所产生的强大精神动力和良好精神激励。

此外，企业管理者在引导员工进行企业长远目标和愿景的阶段化、最短期阶段工作具体化的同时，同样应配合以物质激励的措施，例如：可以针对每个阶段目标的实现或者每一项具体工作任务的完成而设定合理的物质奖励，使员工能够获得阶段性、持续性的成就感与满足感，这样将使员工保持常态化的工作动力和进取心，以实现对员工更为有效且更为长效的精神激励。

第二节　加强沟通的方法

表演艺术创作中的沟通形式，主要包括以下几个方面：导演的自我沟通、演员的自我沟通、导演与演员之间的沟通、同台演员之间的沟通、演员与观众之间的沟通。

参照以上表演艺术中的主要沟通形式，在企业这个"表演场景"中的主要沟通形式相对应地包括：管理者的自我沟通，员工的自我沟通，管理者与员工之间的沟通，管理者与管理者之间、员工与员工之间的沟通，管理者、员工与客户之间的沟通。其中，"管理者与员工之间""管理者或员工与客户之间"的两种沟通形式，既可以看作是导演与演员的沟通，也可以看作是演员与观众之间的沟通。虽然企业的沟通形式看起来比表演艺术创作的沟通形式要略显复杂，但不论对于企业沟通中的哪种形式，借鉴表演学知识理论来优化沟通的方法，都可以从以下几个主要方面展开。

第一，通过台词训练的方法强化语言表达能力。不论是管理者还是员工，都可以通过台词训练让自己的语言表达清晰明确，情感鲜明，节奏恰当，让自己在沟通过程中的语言表达更加具有魅力和感染力。演员的台词训练方法，除在上文的论述中已经提到过的围绕"气""声""字"三个方面进行站姿、呼吸、发声、发音的训练之外，还可以参考如下方法进行。

气息和声调的练习。声调，是指语言的音调的变化，普通话有四个声调，阴平、阳平、上声、去声。日常讲话中，会有很多语言表达平淡如水、讲话时断时续、音量忽高忽低、声调不全或声调错误的情况出现，这些都会严重影响语言表达的感染力，因此要通过气息和声调的训练来加以避免。在讲话时，要尽量保持发音和呼吸的平稳性，保证声调的准确和气息的均匀，同时要有意识地对长短音、换气节点进行控制，可以借助朗诵诗词进行练习。

第六章 借鉴表演艺术理论知识提升企业凝聚力的方法结

速度控制的训练。我们在与他人的日常交流中，会发现有一些人讲话时囫囵吞枣、吞吞吐吐，就如同嘴里含着东西在讲话一般，这往往是由于口齿表达的清晰度不佳所导致的，可以通过语速控制的训练尝试改善。在进行练习时，既要有较快的说话速度，又要保证语言的清晰度不受影响，可以借助说绕口令进行训练。这一练习的目的并不是要让讲话者日常讲话时一味地追求速度，而是要在语速加快的情况下，尽量保持口齿伶俐、表达清晰，这样在语速慢下来时就能更轻松地保持高质量的表达。

重音、停顿、字音的训练。重音是被强调的内容；停顿是台词内部的间隙，是词语、句子、段落之间的相互联系；准确的字音能够扩大台词的魅力，丰富舞台艺术效果。日常生活中总是能遇到一些说话重点不突出，不给别人留出思考和"喘息"时间的人，需要通过控制重音、停顿、字音的训练来加以改善。在日常讲话的过程中就可以通过有意控制自己音调的高低强弱进行练习，要有意识地控制自己的音调高低起伏、抑扬顿挫，让语言的音调平仄分明。同时，要注意控制发音力量的强弱变化，通过对优秀演员的经典台词桥段的模仿进行练习。

企业的管理者和员工，都可以尝试通过上述演员进行台词训练的方法，来提高自己的语言表达能力。需要再次强调的是，语言表达能力对于企业管理者来说是非常重要的，直接影响到管理者的"领导力"水平。一个成功的管理者往往都具备出色的语言表达能力，甚至是一位出色的演说家。商业竞争就如同战场一般，企业管理者就如同领兵打仗的将军。在与竞争者进行"战斗"的过程中，富有感召力、令人血脉偾张的动员讲话能够有效地鼓舞士气，提升整个队伍的战斗力，为胜利奠定良好的基础。

第二，加强管理者和员工的自我沟通。演员在进行艺术创作的过程中，通过自我沟通能够使自身对于角色的感情理解更加深入，更加透彻，进而使表演更加传神，感情更加真挚。同时，准确地体会人物角色的情感变化，把握人物的性格特点，在此基础上再将人物的情感、心理活动利用语言和肢体充分展示出来。

企业管理者和员工的自我沟通，可以主要围绕以下两个方面。一方面要加强自我反省，总结自我得失。曾子有云："吾日三省吾身。"也就是每天要多次、从不同的角度去反省自己、重新认识自己，这样能够更加明确自我的优势和不足，并在工作中发挥长处，弥补短处，促进自己更快地成长和进步。另一方面则是通过自我沟通懂得换位思考。人们普遍存在的一种错误行为习惯，就是总喜欢站在自己的角度去看待和思考所有的问题，这往往是导致人与人之间产生误解、人际关系恶化的罪魁祸首。换位思考能够增强一个团队的凝聚力，特别是对于管理者来说，换位思考的能力是其能否成功管理团队的非常重要的一个因素。通过自我沟通，要能够站在沟通对象的角度进行思考和判断，准确体会沟通对象的情感和性格特点，进而控制自己的语言和肢体表达符合沟通对象的特征，以更加快速地消除双方的心理距离，促进沟通进行得更加顺利和有效。

第三，尊重沟通中的每一个角色。俄国戏剧大师斯坦尼斯拉夫斯基曾说："只有小演员，没有小角色。"意思是说，在表演过程中，只会存在不用心、态度错误的演员，而不会存在无法闪光的角色；无论这个角色是大是小，对于整个表演过程来说都很重要。因此，不论是导演与演员之间的沟通，还是演员与演员、演员与观众之间的沟通，甚至是演员与角色之间进行的自我沟通，都需要给予对方足够的尊重。

奥斯卡最佳女主角获得者、美国著名女演员艾玛·斯通正是这样一个典型。艾玛·斯通在好莱坞的起点是从电视剧的小配角开始的。她还尝试过配音工作，尽管也参加过一些电影女主角的试镜，最后都以失败而告终，但她并没有因此而放弃自我。相反，她尊重和珍惜自己所诠释的每一个角色，哪怕这个角色很小。她用心与每一个自己将要扮演的小角色进行自我沟通，并且努力把它们以最好的状态展现给观众，让这些看起来原本并不起眼的角色都能够与观众产生良好的互动，在这样的过程中她不断地提升着自己，最后终于走到了自己梦想的地方——2017年，艾玛·斯通凭借电影《爱乐之城》获得了第89届奥斯卡金像奖最佳女主角奖，随后她的好莱坞成名之路开启了新的篇章。她以对每一个"小角色"的尊重，用自己一直以来的不懈坚持和努力，灌溉出了属于自己的荣耀与经典。

同样，企业管理者、员工、客户彼此间进行沟通时，

第六章 借鉴表演艺术理论知识提升企业凝聚力的方法结

也要让沟通双方都能够感觉到自己得到了足够的尊重，而不是对方眼中的"小角色"。不论沟通对象的工作内容是简单还是复杂，职位是高还是低，也不论对方带给企业的利益是大还是小，在进行沟通时都需要给予对方充分的尊重，因为每一个眼前的"小角色"都有可能成为企业未来的"奥斯卡巨星"。沟通中的尊重可以从以下几个方面体现出来：首先，在沟通的双方刚见面时一定要看起来很愉快，最简单、直接、有效的办法就是——保持微笑，这不仅是对对方的尊重，也是良好沟通氛围的良好铺垫；再者，要记住对方的名字，特别是管理者在与下属员工进行沟通时，如果在开始沟通时能够很自然、脱口而出地叫出对方的名字，这在一定意义上是给予对方一个巧妙而又有效的赞美；还有，在沟通的过程中，表示尊重的一个重要方面就是讲话一定要主题清楚明确，不要在双方对某一个问题进行交流时有不合时宜的分散对方注意力、转移话题的多余话语；最后，在沟通过程中彼此尊重的重要方面，就是要懂得认真地聆听，并给予对方适时、恰当的回应，让对方感觉到你对他的重视和在意，同时，也要在沟通的过程中，鼓励对方展示自己的特长与才华,并要积极予以肯定和赞扬,对于有利于工作开展的特长与才华,还可以鼓励对方将其应用到工作之中。

最后,注意沟通时的细节。演员之间的互动是细节的互动,细节互动才能让观众慢慢体会到剧本的情节内容中所包含的情感。演员通过表演过程中的肢体动作和表情神态将角色内心的情感传递给观众,加强与观众的互动,使观众感受到表演的魅力。而演员间沟通的细节,是通过接收对方的细小行动,如语气、眼神、表情等所包含的情感和所传递的信息,来调整和控制自己的表演创作行动而使演出在彼此之间的互动、调整和相互促进中呈现更好的演出效果。可见,演员的沟通既要注意控制自己表演行动上的细节,又要注意接收对方表现出的细节。

同样,企业管理者、员工、客户彼此之间在进行交流时,也应像"演员接收来自同台演员和观众的语气、眼神、表情等细小动作所传递出的情感和信息,以控制自己的表演行动"那样,要懂得从对方所传递过来的细节上发现问题,接收信息,进而控制和调整后续的沟通方式等自己的行为细节，从而使沟通进行得更加顺利。当然，能够做到善于"察言观色"并不是一种一上来就能够驾轻就熟的能力，而是需要经过不断地阅历和长期的积累才可能具备的。尽管如此，作为沟通中的一方即便不能做到观察对方的细节，也应当做到为了沟通的顺利进行而调整好自己的行为细节。而加强自己在沟通过程中的行为细节则可以尝试从以下几个方面着手：

一要注意肢体动作的运用和表情神态的呈现。这是在沟通过程中给对方留下最直观印象的一个细节，往往能够直接影响到沟通过程总体氛围的好坏和进展的顺利程度，因此，沟通中的肢体动作和表情神态务必要引起足够的重视。在肢体动作上，注意要做到得体、稳重、大方，给对方以足够的踏实感和安全感。在表情神态上，要做到沟通的全过程保持真诚的表情神态，沟通时的注意力要始终集中于对方，给对方以足够的关注与尊重。先做好自我的细节工作，是沟通能够顺利进行的关键基础和重要保障。

二要适时给予对方眼神、表情或肢体上的回应。肢体动作与表情神态不能仅出现在自己讲话的时候，对方讲话的过程中同样要给予必要的肢体动作和表情神态上的细节反馈。沟通过程中任何一方在讲话时都希望得到对方的回应，以表明自己所说的内容正在被收听、自己受到了应有的尊重。因此，当一方在进行讲话时，另一方作为倾听者应当给予在表情神态和肢体动作上的细节反馈，将自己在倾听之后内心的情感这些行动细节传递给对方，以加强沟通过程中双方之间的互动，进而促进彼此产生观点上的认同感和情感上的共鸣感。

  三要时刻注意对方行为细节上的表现。如上文所述，尽管"察言观色"的能力非短时间内能够快速形成，但在做好自我主观上行动细节表现的同时，也应尽力去观察对方的行动细节，以及时发现问题、针对性地控制和调整自己在后续沟通中的言行，从而保持或提高双方之间的良好沟通状态。虽然这种观察与判断的经验需要不断积累，但当一些具有普遍性的行动细节出现时则要及时甄别并采取行动。例如：当对方不停地看表时，表明时间有限或者对当前的话题不想再继续进行下去，此时就需要精简语言，概括性地表达完自己的观点，之后根据对方的实际情况或结束整个沟通，或更换下一个话题；

当对方的语气、表情等表现出情绪不高的状况时，沟通的内容就要尽量回避负面的或容易引起消极情绪的信息；如果对方就某一话题表现出很高的兴致或较为擅长的话，则可以给予对方必要的肯定或对这一话题进一步展开的空间；等等。这些都能够促进沟通双方良好状态的保持与提高。

第三节　改善企业群体氛围的方法

一、构建适宜的工作环境

与"群体氛围"因素相对应的表演学知识理论之一是"舞台场景的构建"。正如在上文中所描述的那样，好的舞台场景，或者说是演员在进行表演创作时所处的自然形成或人工搭建的好的外在环境，总能给观众以艺术的享受，并在思想情感上带来潜移默化的影响，进而引起演员与观众的共鸣。同时，好的舞台场景还有利于将演员、环境、空间和气氛等元素之间进行有机地相互结合，对激发演员的艺术创作状态和对表演效果的最终呈现都发挥着至关重要的作用。

对于企业来说，企业的"舞台场景"就是为员工所打造的外在工作环境。良好而适宜的工作环境，同样能够像好的舞台布景影响演员和观众那样，给企业的员工带来在思想、情绪、情感上潜移默化的影响，引起企业与员工之间的共鸣，进而改善员工的工作状态，激发员工的工作热情，提升员工的工作满意度。

企业在构建适宜的工作环境时，在做到布局合理、空间充足、设施齐全、干净整洁等，这些最为基础的环境布置工作之后，借鉴表演艺术的相关知识理论来进行工作环境改善的最重要一点，就是要做到"场景划分"。舞台场景的构建，要根据剧本情节的要求，营造出表演所需要的特定气氛效果和情绪基调。舞台场景的设计要从剧情的角度出发、从演员所要塑造的角色形象角度出发。这也是舞台场景布置时所要遵循的一项重要的原则，就是"舞台场景从属表演主题"的原则。从观众观演的角度来讲，舞台场景的设计是最能直观表达出表演的主题思想的，舞美设计人员在设计场景时要了解整台表演在不同情境、不同人物、不同时段背景下所要表达的不同主题和内容，从而使舞台场景的设计能紧密围绕表演过程中每一个阶段的主题进行划分和切换。

·—— 企业凝聚力与表演艺术

　　据此，企业可以为不同的建筑、不同的部门或不同的区域，根据其自身的工作内容或功能特性而量身打造凸显特色的个性化工作环境。同时，还可以与放松员工身心的措施相结合，划分并布置一些独立的特色功能区域，如饮品区、阅读区、娱乐区等等，来增加员工工作环境的丰富性与舒适性。对工作环境进行适宜地划分、构建与布置，是对外在客观环境的改善，与对员工的思想、情感等内在因素开展工作相比较而言要更加容易，发挥的效果也更快更直接。因此，不论企业的规模大小、实力强弱，都应当对构建适宜的工作环境引起足够的重视，且在自身条件允许的前提下去落实到位。在这一方面，国外一些企业较早地意识到了工作环境对于员工的重要性，为国内企业在此方面工作的开展提供了重要的参考和借鉴。例如，初创于乌克兰的一家规模不大的IT公司——Grammarly，其设在乌克兰首都基辅的一间办公室堪称工作环境设计的典范。根据公司运营的性质，需要设立不同活动类型的各种空间，其中包括拥有150个座位的大型聚会区、小型会议室、员工食堂、休息区、午睡室、接待区等。

第六章 借鉴表演艺术理论知识提升企业凝聚力的方法结

　　Grammarly 在基辅的办公室，经过精心的设计和布置之后，俨然成了一个富有活力、时尚舒适的办公空间，不仅给人以强烈的视觉享受，更有着深厚的人文内涵。目前，该公司已经发展成为一家在基辅、旧金山、纽约和温哥华均有分公司或办公室、共拥有四百多名团队成员的国际 IT 企业，并在 2019 年的一项权威评选中被评为全球 AI 领域最具创新力公司。

　　国内企业对于优化工作环境的意识虽然起步较晚，但随着改革开放的不断深入而发展迅速，大有后来居上之势。例如，国内知名互联网企业阿里巴巴对于企业内部工作环境的构建与优化可谓给国内其他企业树立了良好的典范。在阿里巴巴企业园区内有着一流的办公环境，以其西溪园区为例，该园区是杭州著名景区西溪湿地的一部分，园区内不仅有着典型的鱼鳞状基塘地貌的自然环境，还有着与自然景观相互呼应与融合的现代化建筑群，整个园区形成一个自循环的生态系统。园区内的公共空间有报告厅、健身房、咖啡厅、食堂、各种生活超市、运动休闲场馆等，可以说员工的一切生活需求都可以在园区内得到满足。办公区域的颜色风格是企业的代表色"阿里橙",场景布置中随处可见武侠文化,办公空间划分合理,茶水间设备齐全,夏季还有冷饮供应,此外,园区内所有办公设备还可以通过"阿里内外"手机软件来完成操作和使用。此外,企业的餐饮条件也非常出众,每个食堂的设计都十分新颖且独具特色,方便、快捷又富有科技感的刷脸技术的应用使得阿里巴巴的食堂被称为"未来餐厅",食堂内的菜品也非常丰富。

有着如此优良的办公环境,加之阿里巴巴在各个方面的优厚条件,自然成为求职者们理想的就业选择。2020年,全球调查研究与管理咨询权威机构"优兴咨询(Universum)"所公布的"2020年中国学生心中最具吸引力雇主Top20"榜单中的数据显示,阿里巴巴被评为中国商科和文科学生心中最具吸引力雇主的第一名,并在五大学科领域的榜单上均位列前三名。

此外,员工在工作时的着装同样是办公环境的重要组成部分,同样需要给予充分的重视。员工的工装就相当于演员在演出时的戏服,而演员的戏服对于舞台场景的整体效果呈现和演员融入情景并顺利进入角色有着重要的作用。因此,企业也应根据员工所在职能部门的不同和工作岗位的差异，对统一定制的工装进行符合时代审美和工作特性的设计，对不需要统一着装的部门和岗位则允许并鼓励员工工作时的着装在整洁得体的前提下，穿着更有利于其进入工作角色、调动工作状态的个性化、差异化服装。

中国知名汽车企业广汽集团的造型总设计师——张帆，就曾在参加一档电视节目录制时讲述过这样一个经历：广汽集团为了企业的管理严格化、规范化，要求各个部门的员工在工作时间必须穿着统一的工装。然而，他在公司的管理层会议上提出了对这一规定的不同意见。他认为，设计部门的员工不应该着装统一，而是要彰显个性。因为设计工作本身是需要灵感和创新的，如果设计师们在一个穿着统一的环境里工作，无异于给设计师们戴上了一副无形的禁锢思维的枷锁，会极大地限制设计师们的想象力和创造力。最终经过公司高层管理会议的研究决定，采纳了他的建议，允许设计部门的着装差异化。这极大提高了设计师们的工作热情，为设计团队营造了良好的团队氛围。

总之，表演场景所构建出的环境，影响并反映着演员和其所塑造角色的性格、情感、思想等特征，场景设计师需要精心设计与构建，营造出适合剧情、顺应时代背景、映衬演员及角色、符合艺术审美的表演场景气氛。只有这样，才能使表演的全过程有着更好的效果呈现。同样，企业的工作环境也影响并反映着企业员工的性格、情感、思想等特征，只有企业为员工构建出适合工作场景、贴合员工及其工作特性、设计合理且符合时代审美的适宜工作环境，才能够促进企业内部良好群体氛围的营造。

二、观看并效仿优秀的表演艺术作品

优秀的表演艺术作品，不仅能够获得良好的市场效益和观众的青睐，其中所表达的积极思想和传递的强大精神力量更是能够引发观众强烈的情感共鸣，产生无限的正能量，甚至能够带来超乎想象的巨大影响。以表演艺术作品中的影视作品为例，电影《阿甘正传》中那句经典的台词"Life was like a box of chocolates, you never know what you´re going to get."（"人生就像巧克力，你永远不知道下一颗会是什么。"）激励了全世界不计其数的观影者，更是影响了一代中国观众。再比如，电影《战狼2》和《长津湖》在上映之后，都极大地激发了广大观众的爱国热情，引发了热烈的讨论和强烈的社会反响。因此，企业管理者可以通过组织员工观看优秀的影视作品和其他形式的表演艺术作品，并可以在一些工作的开展中借鉴和效仿这些作品中的情节和台词，或是提炼出作品中的优秀精神内涵并在员工之间进行宣传和推广，进而对员工产生正向的引导和激励，以促进团队凝聚力的提升。

首先，组织员工观看优秀的表演艺术作品。这样不仅能够使员工受到作品和演出中所传递的思想和精神的感染和影响，也能够让员工在紧张的工作之余得到适当的放松，做到劳逸结合。同时，员工在一起观看电影或演出的过程中，能够增进彼此之间的互动交流与相互了解，增强员工的集体观念和团队意识。条件允许的企业，还可以组织员工带上家属一起参与进来，这样能够让员工对企业有着更加强烈的归属感，进而营造出良好的群体氛围，实现企业凝聚力的提升。

再者，企业的文化内涵融合艺术作品正能量。在企

· — 企业凝聚力与表演艺术

业日常经营与管理过程中的沟通、讨论、宣传、动员等情境下,加以借鉴和使用,使原本深奥、晦涩、难懂的信息变得生动、形象、"接地气",从而激发员工接收信息的兴趣,促进员工对信息的正确理解和认知,加深员工对信息的印象和记忆,进而引发员工在情感和思想上的共情与共鸣。如此这般,企业内部的每一次沟通、讨论、宣传、动员等相关工作的开展都将在更加良好的氛围下进行,并使得员工以更强的主观能动性积极参与其中,从而促进企业凝聚力的提升。

而在企业实际的经营与管理中,也不乏对"观看并效仿优秀的表演艺术作品"的实践应用,一则关于华为掌门人任正非的故事可谓为其他企业树立了典型和示范。当任正非观看完由中国残疾人艺术团的聋哑演员所表演的节目《千手观音》之后,不仅被精彩的节目、聋哑演员精湛的表演和坚强不屈的精神所深深感动,还从这种感动中提炼出了华为的理想企业文化:一是不能仅仅为了得到掌声而工作,而是要为了职业的自豪感而工作,聋哑表演者们甚至听不见掌声,但所呈现的表演依然精彩;二是不要让任何障碍影响到高质量的表演;三是即使沟通存在困难,也要想办法进行合作。正是这样依托于艺术作品的企业文化内涵的提炼,使得员工能够更加顺畅地接受、理解和认同,甚至能够成为员工之间的热点讨论话题,从而通过良好企业文化的传播营造出良好的群体氛围,进而实现企业凝聚力的提升。

三、开展形式多样的表演艺术实践

企业所开展的表演艺术实践活动,主要是指企业定期或不定期举办的各种文化艺术活动,包括企业年会、联欢会、歌舞比赛、聚会派对等等,员工可以亲自参与到表演中,也可以作为观众单纯地观看和享受演出。这与"观看和效仿优秀的表演艺术作品"的本质区别在于,企业的表演艺术实践活动一定要由企业来组织和举办,并鼓励员工要积极参与到表演当中,是为企业员工搭建的自我展示和释放的平台。企业应适时开展形式多样的表演艺术活动,这样能够使企业拥有更充沛的群体活力和活跃的群体气氛。一方面,表演艺术实践活动的开展能够丰富员工的业余生活,能够让员工在经过一段时间紧张忙碌的工作之后得到精神上的休息和放松,做到劳逸结合。而员工参与到表演活动的过程当中，也同样增进了彼此之间的相互交流和了解。另一方面，表演艺术实践活动的开展能够培养和发掘出员工多方面的素质和能力，展现出员工多样性的优势和特长，促进员工的自我价值体现。此外，企业还可以把需要传递给员工的某些信息融入到表演活动的节目和环节当中，用更为新颖和轻松的方式实现与员工之间的信息传递和交流，能够起到更加良好的效果。以上这些企业组织并开展表演艺术实践所带来的反响，都能够对企业内部群体氛围的改善起到积极的促进作用，进而实现企业凝聚力的提升。具体可以从以下几种表演活动着手：

首先，如期举办年会。企业应每年如期举办年会，在年会中设置形式多样、丰富多彩的表演环节，并且号召员工要积极参与到这些环节的表演当中。一年一度的年会能够激扬员工的士气，营造组织的良好气氛，深化企业内部的沟通，促进战略规划的分享，增进共同目标的认同。同时，员工不论是以演员的身份还是以观众的身份参与到年会当中，都能够加强员工对企业的感情，增进员工之间的沟通和交流，加强员工之间的团队协作意识，创造出积极向上的企业群体气氛。此外，员工参与到年会演出中来展示自己在其他方面的才艺，不仅能够增强自信心和成就感，还有可能成为同事们眼中的"明星"和"焦点"，而在一个部门或者团队中有着这样一位"明星角色"或"焦点人物"的存在，往往能够起到"凝聚点员工"的积极作用，将带动整个部门和团队良好氛围的形成。

其次，定期举办员工携家属的聚会派对。企业组织的聚会活动如果能够邀请员工的家属一起参加，能够使企业更加具有"大家庭"的氛围，而在聚会派对中设置一些表演、娱乐、游戏等互动环节，并由员工和家属一起参与，在这一过程中家属之间也会增进对彼此的了解和情感，更能够进一步拉近员工之间的距离，提高员工对于企业和团队的归属感，从而促进良好群体氛围的营造，实现企业凝聚力的提升。需要额外说明的一点是，聚会派对的规模大小，企业应当根据自身的实际情况灵活掌握，有条件的企业可以组织全体员工及其家属一起参加大规模年会活动，而不具备相应条件的企业则可以鼓励各部门或团队内部灵活机动地举行小规模的聚会派

·—— 企业凝聚力与表演艺术

对，同样也能够起到促进良好群体氛围的形成和凝聚力提升的作用。

最后，管理者对演出活动的积极参与。企业良好群体氛围的营造，离不开管理者们对活动的深度参与，既能够为调动员工参加活动的积极性起到表率作用，还可以向员工展现自己在其他方面特别是表演艺术方面的才艺。同时，既能够给员工带来欢乐，也让员工对管理者领导身份以外的另一面产生耳目一新的感觉，从而增进员工对企业管理者的多角度了解和多方面认同。

在参与企业举办的表演艺术实践活动方面，要属阿里巴巴集团的前掌门人马云，说他是国内最热衷于此的企业家应该也不为过。马云在退休之前，可谓是阿里年会上的表演"钉子户"，他和集团高层管理团队的其他成员一起，几乎在每一年的阿里巴巴年会上，都会带来风格不同却震撼感相同的表演。每一次他所带来的节目都会令在场的每一名阿里员工折服，很多员工都在私下做出了这样的结论：马云是一位被商业耽误了的表演艺术巨星。正是由于对企业年会这样的表演艺术实践活动的深度参与，阿里巴巴的管理者们在员工心目中的形象更加生动活泼,与员工之间的心理距离也变得更加亲近,从而使企业整体的群体氛围变得更好。

第四节　改善管理者领导方式的方法

如同一名优秀的演员需要具备"七力四感",一位优秀的企业管理者也同样应该培养自己的"七力四感",以改善自己的领导方式和能力。

一、培养自己敏感而细致的观察力

一方面,企业管理者应擅于观察员工的日常工作和生活状态,当察觉到有可能存在的潜在问题时,则要开展进一步了解与核实,以掌握员工所遇到的实际问题和面对的具体情况,并及时采取措施、做出调整,从而保证员工状态的整体良好。当然,规模较大的企业如果仅依靠少数管理者做到这些是不现实的,这就需要企业的人力资源管理部门和其他每一个部门、每一个团队的管理者一起，都重视培养自己敏感而细致的观察力，来共同承担起这一责任。特别是企业人力资源部门的管理者和职能人员，更是需要具备并且能够通过敏感而细致的观察力，从应聘的求职者中为企业挑选并留下符合工作岗位需要的人才，为企业的发展注入新鲜血液，还要从老员工中选拔出表现好、能力强、素质高且极具潜力的优秀人员充实到企业重点培养的后备力量当中，为企业的发展提供持久的动力。另一方面，企业的各级管理者也要善于观察身边的同事和员工对自己的态度和看法，能够从其他人的反馈当中发现自身所存在的问题和不足，并及时纠正自己的问题和错误，弥补自己的短板和不足，进而改善领导方式，提升领导能力。

二、培养自己积极而稳定的注意力

作为企业的管理者，在每天的工作中都要面对来自方方面面、纷繁复杂的问题和各种各样的突发状况。一方面，在这些问题和状况中夹杂着很多无效的干扰信息，需要管理者能够去除掉其中的边缘问题和次要矛盾，快速抓住关键内容和核心问题并做出针对性的处理决策。

另一方面，这些信息中往往还会有着一些迷惑性或诱惑性的内容，会分散管理者有限的精力和专注力，造成管理者的决策效率与准确性的降低。为了避免以上这些状况的出现，就需要企业管理者具备积极而稳定的注意力，让自己能够始终保持良好的精力和专注力，在纷繁复杂的环境下保持清醒的思维，在混乱无章的局面下理清问题的原委、准确辨别矛盾的主次，在花样繁多的干扰和诱惑下保持对主要矛盾和关键信息的注意力集中，从而确保决策的效率和准确性。

三、培养自己丰富而活跃的想象力

并不是所有的经营与管理决策都需要通过会议讨论才能得出，当面对一些突发情况或紧急问题时，往往是需要企业管理者根据即时的实际情况和自己的过往经验做出即兴决策的。然而，大多数时候"突发情况"和"紧急问题"并不会重复发生，也就是说，需要管理者做出即兴决策时所面对的挑战大多都是"全新的"，并没有较为成熟的过往案例和经验能够作为有效的参考。正因为如此，企业管理者就需要具备丰富而活跃的想象力，面对各种突如其来的新问题、新挑战，能够创造性地提出解决问题的创新性方案，而不是一味地循规蹈矩、墨守成规。很多时候管理者在试图寻找与现有问题相类似的过往案例或经验时，得到的最终结果依然是无章可循，并且还会因此错过了解决问题的最佳时机。此外，即便是在集体会议上对某个问题的解决对策进行头脑风暴、集思广益地讨论，一个具有丰富想象力的管理者往往也能够激发出其他与会人员的想象力与创造力，带来整个团队创新活力的提升。

四、培养自己敏锐而真挚的感受力

企业管理者培养自己敏锐而真挚的感受能力，最主要的一点就是能够做到"换位思考"，要善于站在对方的角度去感受、去思考。在企业的日常经营和管理过程中，有很多情境是需要管理者具备换位思考的感受力的。例如，当管理者与员工就某一问题进行讨论时，如果不能做到换位思考，只是一味地站在自己的立场，用自己的思维方式去看待问题、分析问题，那么讨论的过程往往难以顺畅，最终的讨论结果也往往是员工被动接受管者的观点，难以真正地信服。再比如，当员工向管理者提出自己在工作和生活中遇到了困难，寻求企业方面的支持和帮助时，管理者要能够通过换位思考的感受力来对员工面对的困难做到感同身受，这样才能够做到切实为员工着想，将员工的困难当作是自己的困难一般去真诚地对待。因此，企业管理者需要培养自己敏锐而真挚的感受能力，让员工真切感受到自己的"实在"与"接地气"，从而拉近与员工之间的距离。

五、培养自己真实、准确而合理的判断与思考力

在如今信息时代的背景下，企业瞬息万变的内外部环境时刻产生着、接受着大量纷繁复杂的信息。而在这些信息当中，却有真有假、有好有坏，有急有缓、有实有虚。因此，当管理者面对企业日常经营管理过程中不断出现的大量复杂信息时，就需要具备真实、准确而合理的判断与思考力来做出相应的处理。首先，要进行真实、准确、合理的判断，即在所有的信息中判断出对企业有影响、有价值的内容以及其中所包含的问题和矛盾，同时还要进一步判断出所有问题和矛盾的轻重缓

急、主次关系。之后，在真实、准确而合理的判断的基础上，再进行真实、准确、合理的思考，即思考所有问题和矛盾的真实情况以及准确、合理解决所有问题和矛盾的策略措施。而当针对一个问题有多种解决方案时，更是需要管理者具有并通过自己真实、准确而合理的判断与思考力来做出最优方案的选择，以保障企业工作的良好运转和效益最大化，提升自己在员工心目当中的决策公信力。

六、培养自己灵敏而细腻的适应力

不论是瞬息万变的外部环境，还是越发加快的工作节奏和加重的工作强度；也不论是每天大量纷繁复杂信息的接踵而至，还是与身边同事或员工之间的博弈和竞争，都会给企业管理者带来思想、心理和情绪上的较大压力，而这些压力会给企业管理者的工作状态和生活质量带来直接的影响。因此，企业管理者需要具备灵敏而细腻的适应力面对来自各个方面的压力，并排解这些压力给工作和生活所带来的负面影响。"灵敏"是要求管理者面对突如其来的方方面面的压力能够随机应变，能够迅速调整自己的心态并做出应对，能够及时通过恰当的方式将压力进行排解；"细腻"是要求管理者在适应各种压力的同时，也能够发现身边的美好和风景。对于企业管理者来讲，适应自己所在的环境就是不仅能够灵敏地应对"眼前的苟且"，还要在"苟且"之外细腻地看到"诗和远方"，在这样状态下的工作和生活才能够有持久的动力与获得感、幸福感。此外，企业管理者在"灵敏"地适应某种压力的同时，也应"细腻"地剖析产生这种压力的原因，进而有针对性地做出自我调整或采取相应的预防性措施，以避免压力的再次产生。

七、培养自己鲜明的形体和语言表现力

管理者培养自己鲜明的形体和语言表现力，就是要让自己的言谈举止有着鲜明的个性特征，让形体和语言成为管理者的一张个人名片。员工对于一个管理者领导风格与方式最直观的判断，就是源于管理者所展现出的形体和语言的表现力，而这种直观判断也往往会长期影响员工在与管理者进行相处和交流时的状态，进而影响到管理者的工作成效。可以说，形体和语言表现力是管

理者领导风格与方式的一个重要组成部分。具有鲜明的形体和语言表现力，一方面是要求管理者的言谈举止要符合自己的职位和身份，要具备一个管理者所应有的风范，例如思考时的沉着冷静、能谋善断，讲话时的逻辑清晰、严谨稳重，行动时的雷厉风行、身先士卒，等等。另一方面是要求管理者的言谈举止要有充分的感染力和号召力，正如在上文中改善沟通部分的内容所叙述的那样，成功的管理者几乎都是一位优秀的演说家，要善于通过语言和形体的魅力和表现力来影响他人，凝聚起人们的思想和力量。

八、培养自己真挚的真实感

企业管理者的真实感，就是要求管理者在处理企业日常的经营和管理过程中的一切事务时都要真诚。在工作中要真诚，要真诚地评价员工的表现，让员工感受到真实的客观公正；要真诚地指正或赞美员工的不足或成绩，让员工感受到真实的成长与进步。在生活中要真诚，要真诚地对待与员工的每一次交流和互动，让员工感受到真实的尊重；要真诚地为员工排忧解难，让员工感受到真实的关怀和帮助，等等。企业管理者的真实感，是一种态度，是一种情感，是一种责任，也是一种精神。是要让员工时刻能够感受到管理者的那颗持续、稳定、充分真实而真诚的内心，进而获得员工对管理者、对企业的那份真挚的认同感、信任感、尊重感和归属感。

九、培养自己良好的形象感

培养自己良好的形象感就是要求企业管理者要能够时刻保持与自身职务、身份相符的气质和气场。气场是在个体与群体之间的相互作用过程中形成的，是个体通过先天的禀赋和后天的修为所形成的气质魅力而对他人所造成的影响。一个人的气场有强弱之分，对于企业的管理者来讲，气场越是强大往往就越是能够产生较强的凝聚力，员工也就越发心悦诚服地接受他的领导。因此，良好的形象感是企业管理者领导能力和方式的重要体现。同时，时刻保持良好的形象感也是企业管理者的一份重要责任，因为管理者们应当充分意识到自己的形象不仅仅代表着个体，更代表着自己所在的团队、部门，甚至是整个企业。因此，企业管理者要肩负起培养自身良好形象感的这份责任，并将身边的所有员工都一起带动起来，使得整个团队、部门，乃至整个企业都展现出强大的气场和良好的形象。

十、培养自己适度的幽默感

在一项针对《财富》500强企业 CEO 的调查结果中，有97%的 CEO 认为"幽默感"在商业从业者来讲是非常重要的，有的 CEO 甚至主张在人员招聘的时候要将求职者的幽默感作为适当考察的一项因素。运用幽默进行管理，往往可以取得意想不到的良好效果。在富有幽默艺术的企业管理者周围，很容易凝聚一批主动追随、效力的员工，员工在与这样的管理者共事时，幽默感会摆脱许多尴尬的情境。在一些知名的跨国公司里，从总裁到基层管理者都已经开始将幽默融入到日常的经营管理活动当中，并把它作为一项重要的、必备的管理素质。在另一项对超过千名企业管理者所开展的调查结果显示：77%的管理者在会议上会通过讲笑话的方式作为开场或打破僵局，52%的管理者认为幽默有助于其各项业务工作的开展；甚至有一半的管理者认为应该考虑在企业中聘请一名专职的"幽默顾问"来帮助员工放松身心。因此，管理者应当培养并具备适度的幽默感。培养幽默感的方法有很多，例如：广泛阅读、丰富自己的知识储备，培养自己的高级情趣和充满正能量的心态，善于思维发散和发现生活中的幽默，积极训练自己随机应变的反应速度，以及广泛交友并进行更多的交流，等等，这些都有助于幽默感的养成和提升。

十一、培养自己合理的节奏感

管理者每天要面对大量的工作任务和高强度的工作压力，然而管理者的一天也只有24个小时，管理者的精力也是有限的，管理者的人生中除了工作也要有生活。因此，企业管理者需要有统筹全局的视角，对自己的工作和生活能够运筹帷幄，将各项日程安排得井然有序、富有弹性，让工作的紧张和生活的放松相伴而行，通过压力与惬意之间合理交替与衔接的节奏感，以保持自己身心的健康和良好的工作状态。而对于合理节奏感的培养，也有着多方面的途径和方法，例如：企业管理者可以通过对过往案例的分析和总结来积累更多的经营管理经验，丰富的经验能够让管理者建立起应对各种状况时沉稳自信的心态，从而自己在面对大量的工作任务时能够泰然处之，避免出现自乱阵脚、杂乱无序的状态。此外，管理者应该培养自己至少有一个文体爱好，比如摄影、书法、绘画、某种乐器、某项体育运动等，并要坚持在固定的时间沉浸到充分时长的爱好当中，作为自己在紧张忙碌的工作之余陶冶情操、释放自我的方式，让自己那根犹如直线一般紧绷于工作之中的神经能够得到适当的放松，从而让自己的工作和生活都拥有合理的节奏感。

第五节　强化以人为本的方法

一、解放员工的"有机天性"

由于受到多方面条件的限制，企业中的大多数员工在通常情况下往往只能展现出自己的一部分能力，且尚有大量的潜能有待被挖掘。此外，即便是员工已经展现出来的能力，对于他们当前所在的工作岗位来说，也未必是最为合适和匹配的。因此，企业的管理者有必要也有责任去发现和挖掘每一名员工尚未展现出来的潜能，特别是要鼓励和引导员工进行自我发现和挖掘，或让员工在合适的岗位上将现有的能力充分发挥出来，最大限度地体现出自身价值。而要做到这些就需要管理者能够解放员工的"有机天性"。如同解放演员的"有机天性"

一般,解放员工的"有机天性",就是要让员工能够更全面、更充分地认识自我、发现自我,挖掘自身潜能,提高自身可塑性,更加准确地找到自己的角色定位,更加充分地发挥出自我的作用和价值。解放员工的"有机天性"可以尝试以下几种途径:

首先,鼓励员工畅所欲言,支持员工表达真实的想法。当员工针对企业的问题提出自己的意见和看法时,管理者要认真聆听并真诚对待;对于促进各项工作开展的好建议要积极采纳;对于指出的企业所存在的问题要及时进行核实与解决,并对处理结果及时给予员工反馈;对于员工所提出的对整个企业,或所在部门,或所属团队乃至其个人工作开展有利的建设性创新思路和方法,管理者要给予大力支持,在条件允许的前提下,更要全面鼓励和支持员工大胆尝试对新思路、新方法的实践与检验,从而让所有员工敢于讲真话、乐于真表达。

其次,定期对员工开展综合拓展训练与合理的岗位轮换。多数企业开展的员工培训,往往是针对员工新入职时所应聘工作岗位的工作内容而进行的较为单一的培训。虽然这种培训对于员工快速了解岗位特点、适应岗位需要、掌握岗位技能是十分必要的，但过于单一的培训也往往会禁锢员工在其他方面的潜能和天赋。因此，企业应适当开展旨在提高员工综合素质与技能的拓展性培训，以帮助和引导员工进行自身潜能的挖掘，发现自己所拥有的更多的闪光点。而在员工当中合理地进行岗位轮换，则能够帮助员工找到与自己的能力和特长最匹配、最适合的工作岗位和工作内容，从而让员工都能为企业的发展发挥更优的能力，展现更高的效率，贡献更多的力量。

最后，多为员工提供展示特长的机会。员工所拥有的其当前所在岗位的要求和工作内容以外的"有机天性"，是需要企业提供相应的机会与平台才能够得以解放出来的，否则就会一直处于被埋没和忽视的状态而难以发光发热。因此，企业管理者应该多为员工创造和搭建展示天赋和特长的机会与平台，让更多员工能够将自己在不同方面的"有机天性"得到解放。例如：当企业需要组建一个新的团队去完成某一项特定任务时，管理人员可以面向全体员工公开该团队组建的相关信息并公开招募团队成员，所有员工都可以通过毛遂自荐与自由竞争的方式加入团队，在新的团队和任务中展现自己在新的岗位所能发挥出的更强的实力。此外，企业还可以开展各种技能竞赛，竞赛的内容应涉及除工作技能之外的多个领域，比如书法、摄影、短视频制作、演讲、辩论、设计等，从而解放出员工更加多元化的"有机天性"。尽管围绕这些内容所开展的竞赛看起来似乎与企业的发展并没有直接的相关性，但管理者需要明确认识到的是，员工每一项"有机天性"的解放，都能够让员工获得相应的满足感和成就感，这将极大地促进员工的身心健康和全面良好状态的保持，这将直接为企业的未来持续发展提供长远的、巨大的能量。

总之，解放员工的"有机天性"，就是要求企业管理者充分认识到员工作为现代企业的一项重要资源，是推动企业实现跨越式成长与和谐发展的重要保证。要让员工有勇气、有意愿去敢想、敢说、敢做，充分发挥和挖掘员工的能力与潜力，充分调动起员工的主动性与创造性，以员工为本、促进员工的全面发展。而要实现员工的全面发展，解放员工的"有机天性"就是最为重要的途径之一，是以人为本的重要体现。

二、员工的角色分析

在表演创作中，由于剧本中每个角色的性格、类型、人物关系等特征都是不一样的，因此每个演员都要对自己所塑造角色的特点进行分析和掌握，以更加准确、生动地表现出所塑造的角色形象。演员要对角色进行全方位地分析，包括角色的社会地位、生活处境以及与其他角色的关系等，需要在剧本全局的层面上感知到一个立体化、形象化的角色人物。演员对角色的分析和塑造，主要有以下两种途径：一是要与导演进行交流，明确并理解导演对角色的分析与认知，以及对演员塑造角色时的建议和要求；二是演员要对所塑造角色进行充分的自我分析，以产生对角色形象全面的、深入的自我认识和自我理解，并与导演对角色的分析和要求相融合，从而成功地将一个饱满而又立体、生动而又真实的角色呈现在观众面前。

而对于企业来说，在进行角色分析的情境下，管理者就相当于导演，员工就相当于演员，员工所在的岗位和所负责的工作内容就相当于剧本中的角色形象。企业

第六章 借鉴表演艺术理论知识提升企业凝聚力的方法结

借鉴表演艺术中角色分析的相关知识理论，在管理者与员工之间进行角色分析的互动，是为了更好地做到"以人为本"，如同演员的角色分析是为了对角色的塑造更加立体、生动、真实，最终呈现出成功的角色形象。一般而言，企业员工的角色分析应使员工对于自己工作岗位与工作内容这一"角色形象"的认知更加全面、深入、充分，并也能够成功呈现出这一"角色形象"所应有的价值和意义——个人收益的增加，业务技能的提升，全面发展的实现，从而更好地将"以人为本"在企业的经营管理中落实到位。企业管理者与员工之间的角色分析可以尝试通过以下几种路径展开：

首先，管理者对员工的角色分析。一方面，管理者要全面了解不同的工作岗位所需要具备哪种生理、心理、性格、技能、交际等各方面特征的员工，并根据岗位特征，充分考虑每一名员工的个人特点和实际情况，为该岗位找到最合适的人选。另一方面，管理者在将员工安排到特定岗位之后，要通过与员工的及时沟通，让员工认识到自身的条件与该岗位的"角色"要求是相契合的，当前的工作岗位能够最大限度地体现出其自身价值，是最有利于其个人发展的。

　　其次，引导员工进行自我角色分析。在实际工作中，员工在所难免的会出现低落、迷茫的状态，特别是在员工刚到企业就职的时候，或是在当前的岗位上并未达到自己预期目标的情况下，员工很容易出现心理波动，对自我在企业中所扮演的角色产生怀疑或否定，甚至是丧失自己前进的方向。这时，管理者要善于通过正式或非正式沟通的方式，引导员工进行自我角色分析，找到导致当前状况的问题所在，思考自己今后的发展方向，明确自己的阶段目标和最高任务，重新找准自己在企业中的角色定位。在这一过程中虽然要以员工的自我分析为主，但管理者要随时保持与员工之间沟通的畅通，在员工的自我分析遇到瓶颈时给予及时的鼓励和引导，以帮助员工尽快摆脱迷茫的状态，重新找回自我，找到前进的动力和激情。

　　最后，给予员工全面的支持与安全感。对于员工因进行重新的自我定位而遇到的实际困难和提出的合理要求，管理者应在企业条件允许的前提下给予最大限度的满足，为员工提供解决问题和克服困难的有力支撑。这样能够让员工不会对自己当下的消极状况存在过度的心理负担，能够让员工切实感受到在重新找寻自我、定位自我时企业所给予的安全感、归属感，能够让员工相信自己在企业中的角色是受到尊重与重视的，从而让员工更加专注地、无后顾之忧地进行角色分析，为其尽快从当前的困境中摆脱出来，找准自己新的角色定位和前进方向而给予全面的保障。

总之，不论是解放员工的"有机天性"还是进行员工的角色分析，要想真正实现对企业"以人为本"的强化，最为核心的一点就是要能够始终坚持将"利他之心"作为一切工作的根本出发点。正如被称为"经营之圣"、一手缔造两家全球500强企业的著名日本实业家——稻盛和夫，其对于"以人为本"的理解那样：以人为本，是要从人性的角度去经营和管理企业，企业的存在不是为了实现某个人自己的抱负和理想，而是要守护员工的生活，给他们的人生带来幸福。

第六节　借鉴表演艺术提升企业凝聚力方法的总结

前文所述就是本研究针对"精神激励""沟通""群体氛围""领导方式""以人为本"五个凝聚力影响因素，在借鉴表演艺术中"演员身心的放松""表演中的沟通""舞台场景构建""七力四感""解放天性"等十个方面的相关理论知识与练习方法的基础上，提出的十个层面、35个提升企业凝聚力的方法，如表6-1所示。

本研究所提出的以上这些方法，由于借鉴了表演艺术中的相关知识理论，对于几乎所有的企业来讲都是新鲜的、从未有过类似的尝试与实践，因此，如果这些方法应用于企业的管理实践当中，能否得到企业员工的接受和认可，是一个需要得到解答的重要现实问题。针对这一问题，本研究将通过后续开展的问卷调查与访谈工作来得到答案。

表6-1 借鉴表演艺术提升企业凝聚力的方法

凝聚力影响因素	借鉴的表演知识		提升企业凝聚力的具体方法
精神激励	演员的身心放松	放松员工的身心	1.组织员工进行全身活动 2.引导员工调节呼吸、放松精神
	演员的"真实与信念"	加强员工的"真实与信念"意识	1.让员工认识企业愿景的现实性 2.让员工感受到自己的重要性 3.让员工明确愿景实现的效益性 4.让员工相信成功的可能性
	剧本分析理论	管理者与员工一起进行"剧本分析"	1.向员工进行愿景的阶段性分析 2.从短期目标着手的工作具体化
沟通	表演中的沟通与交流	强化企业内部沟通	1.通过台词训练的方法强化语言表达能力 2.加强管理者和员工的自我沟通 3.尊重沟通中的每一个角色 4.注意沟通时的细节
群体氛围	舞台场景的构建	创建适宜的工作环境	为员工构建出适合工作场景、符合员工工作特性、设计合理且符合时代审美的适宜工作环境
	戏仿理论	观看并效仿优秀的表演艺术作品	1.组织员工观看优秀的表演艺术作品 2.企业的文化内涵融合艺术作品正能量

续表

凝聚力影响因素	借鉴的表演知识	提升企业凝聚力的具体方法
群体氛围	表演艺术实践	开展形式多样的表演艺术实践 1. 如期举办年会 2. 定期举办员工携家属的聚会派对 3. 管理者对演出活动的积极参与
领导方式	演员的"七力四感"	管理者的"七力四感" 1. 培养自己敏感而细致的观察力 2. 培养自己积极而稳定的注意力 3. 培养自己丰富而活跃的想象力 4. 培养自己敏锐而真挚的感受力 5. 培养自己真实、准确而合理的判断与思考力 6. 培养自己灵敏而细腻的适应力 7. 培养自己鲜明的形体和语言表现力 8. 培养自己真挚的真实感 9. 培养自己良好的形象感 10. 培养自己适度的幽默感 11. 培养自己合理的节奏感
以人为本	演员的解放天性	解放员工"有机天性" 1. 鼓励员工畅所欲言和支持员工的想法表达 2. 定期对员工开展综合拓展训练与合理的岗位轮换 3. 多为员工提供展示特长的机会
	演员的角色分析	员工的角色分析 1. 管理者对员工的角色分析 2. 引导员工进行自我角色分析 3. 给予员工全面的支持与安全感

第七章

问卷调查与数据的统计分析

第一节　问卷的设计与预调查的开展

一、问卷的设计

为了验证本研究所提出的借鉴表演艺术提升企业凝聚力的方法在企业员工当中的接受度和认同度,本研究针对这些方法进行了调查问卷的设计,并在一些企业的员工当中开展了问卷调查工作。

本研究对调查问卷的设计,参考了狄恩·乔斯佛德,罗胜强和孙海法三位学者在一项有关中国企业团队冲突类型和冲突管理方法的研究中,所设计和采用的一份量表(见表7-1)。

表7-1 团队冲突管理方法量表

请您根据自己的实际感受和体会,对下面九项描述进行评价和判断,并在最符合的数字上画〇。评价和判断的标准如下:

非常不同意	比较不同意	不同意	不好确定	同意	比较同意	非常同意
1	2	3	4	5	6	7

1	团队成员鼓励"同舟共济"的态度。	1	2	3	4	5	6	7
2	团队成员寻求对团队有利的解决方案。	1	2	3	4	5	6	7
3	团队成员把冲突看成与大家都有关的、要解决的问题。	1	2	3	4	5	6	7
4	我们的工作是要做到使各方都满意。	1	2	3	4	5	6	7
5	团队成员综合各种意见的优点来做出有效的决策。	1	2	3	4	5	6	7
6	团队成员要求其他成员同意他的观点。	1	2	3	4	5	6	7
7	团队成员都希望他人做出让步,而他们自己却不想让步。	1	2	3	4	5	6	7
8	团队成员把他们之间的冲突看成决定胜负的竞争。	1	2	3	4	5	6	7
9	团队成员过分强调自己的立场,以达到自己的目的。	1	2	3	4	5	6	7

该冲突管理方法量表采用七级量表,包括合作性冲突管理方法和竞争性冲突管理方法两个分量表,其中合作性冲突管理方法量表共五道题,包括第1—5题;竞争

性冲突管理方法量表共四道题,包括第6—9题。乔斯佛德等几位学者对金华和广州的八个工厂内共168个团队,包括689名员工和186名管理者进行了问卷调查。调查结果的数据分析表明,合作性冲突管理方法分量表的a系数为0.78,竞争性冲突管理方法分量表的a系数为0.79,均具有较好的可靠性。

参照该量表,本研究设计了名为"关于借鉴表演艺术提高企业凝聚力方法的调查问卷"。问卷包含两个部分,共30题。其中,第一部分包含八道题,1—4题是对调研对象的基本情况进行了解,包括性别、年龄、学历和月收入水平;5—8题是对调研对象在"凝聚力对企业发展的重要性、所在企业的凝聚力现状、本研究所界定的五个凝聚力影响因素"这三个方面的认同程度和整体态度进行了解。第二部分包含五个分量表,每个分量表分别对应着本研究所界定的五个凝聚力影响因素,共22道题。其中,加强精神激励方法的分量表包含第1—4题,改善沟通方法的分量表包含第5—8题,改善企业群体氛围方法的分量表包含第9—13题,改善管理者领导方式的分量表包含第14—17题,加强以人为本方法的分量表包

含第 18—22 题。(调查问卷见附录)

二、预调查与信效度的检验

在完成量表的设计工作后,本研究开始进行问卷调查工作。在开始正式调查之前,本研究首先进行了预调查工作,预调查有助于检验问卷设计的科学性与合理性,通过对预调查数据分析,可以发现问卷中存在的一些问题,以便进一步修正和完善问卷。本次预调查共发放了 100 份调查问卷,被调查对象涉及来自河北省的金融、建筑工程和销售行业的三家企业,通过联系这三家企业人力资源部门工作人员并在他们的帮助下,参照这三家企业各自员工数量之间的规模比例,将相应比例的调查问卷分发给每个企业,再由企业随机发放给员工。问卷采用不记名的方式进行填写,以确保被调查者所填写内容的真实性。最终,本次预调查共回收问卷 98 份,有效问卷 98 份,回收率为 98%。

在该问卷中,涉及提升企业凝聚力方法的核心问题集中在第二部分的 22 道题目,因此对于预调查的数据结果,本研究只针对问卷第二部分的 22 道题目来进行统计分析，对问卷第一部分用于了解调查对象基本情况的问题的调查结果，不进行多余赘述。

首先进行信度分析。信度（Reliability）即可靠性。在对量表进行信度检测时，若测量值与实际值差距较大，则信度就较低；若测量值与实际值差距较小，则说明信度较高。同时采用纠正条目总相关系数（Corrected Item-Total Correction，以下简称CITC）和删除项后Cronbach's Alpha（a系数）值来净化测量条目。如表7-2所示：

表7-2 预调查信度分析

维度	题项	修正后的项与总计相关性	删除项后的a系数	a系数
精神激励	Q1	0.692	0.836	0.864
	Q2	0.646	0.852	
	Q3	0.724	0.824	
	Q4	0.801	0.788	
沟通	Q5	0.819	0.886	0.915
	Q6	0.750	0.909	
	Q7	0.757	0.908	
	Q8	0.910	0.856	
群体氛围	Q9	0.746	0.841	0.876

续表

维度	题项	修正后的项与总计相关性	删除项后的 a 系数	a 系数
群体氛围	Q10	0.719	0.848	
	Q11	0.791	0.828	
	Q12	0.672	0.858	
	Q13	0.620	0.873	
领导方式	Q14	0.707	0.738	0.816
	Q15	0.570	0.800	
	Q16	0.575	0.800	
	Q17	0.709	0.736	
以人为本	Q18	0.854	0.878	0.912
	Q19	0.783	0.891	
	Q20	0.745	0.899	
	Q21	0.820	0.883	
	Q22	0.689	0.910	

根据德维利斯提出的观点：Cronbach's Alpha（α系数）如果在0.60—0.65之间的题项最好舍弃；α系数值介于0.65—0.70之间为最小可接受值；α系数值介于0.70至0.80之间表示相当良好；α系数值界于0.80—0.90之间的

则表示非常良好。信度系数好的量表或问卷，α系数值最好在0.80以上，在0.70—0.80之间尚在可以接受的范围。而CITC的删除标准为小于0.3，一般在删除CITC小于0.3的项目之后，剩余项目的α系数值将提升，即测量项目的总体信度获得提升。

从上表可以看出，精神激励、沟通、群体氛围、领导方式、以人为本的α系数值分别为0.864、0.915、0.876、0.816、0.912，均大于0.80。同时，各个题项的CITC值均高于0.5，且删除项后的α系数值不但没有提升，反而全部有所降低。因此，该量表具有良好的信度。

之后进行效度分析。效度即有效性，它是指测量工具或手段能够准确测出所需测量事物的预期的程度。通常采用因子分析方法检验量表的建构效度。首先通过KMO样本充分性测度和巴特莱特球体检验，看数据是否可以进行因子分析。本研究是在参考了已有的成熟量表基础上设计的问卷，因此问卷具有较高程度的内容效度，所以本研究将重点放在结构效度的分析上，所采用的方法为因子分析法。即对所得数据分别进行探索性因子分析，以初步确定其结构效度。

表 7-3 预调查效度分析

题项	改善 以人为本	改善 群体氛围	改善沟通	改善 精神激励	改善 领导方式
Q21	0.812	0.146	0.179	0.226	0.202
Q20	0.809	0.242	0.177	0.06	0.05
Q18	0.803	0.251	0.196	0.242	0.145
Q19	0.735	0.281	0.138	0.307	0.116
Q22	0.692	0.288	0.177	0.2	0.084
Q9	0.165	0.822	0.101	0.155	0.126
Q12	0.218	0.731	0.159	0.128	0.167
Q11	0.305	0.726	0.151	0.281	0.204
Q13	0.226	0.701	0.107	0.189	−0.029
Q10	0.309	0.652	0.189	0.288	0.169
Q8	0.197	0.078	0.916	0.109	0.162
Q5	0.185	0.019	0.86	0.251	0.111
Q6	0.141	0.267	0.804	0.092	0.085
Q7	0.19	0.239	0.787	0.14	0.117
Q4	0.263	0.217	0.151	0.828	0.079
Q3	0.215	0.114	0.068	0.816	0.098
Q1	0.123	0.329	0.186	0.741	0.032
Q2	0.244	0.245	0.243	0.645	0.095

续表

题项	改善 以人为本	改善 群体氛围	改善沟通	改善 精神激励	改善 领导方式
Q14	0.153	0.18	0.075	0.128	0.806
Q17	−0.014	0.216	0.124	0.31	0.799
Q16	0.07	−0.035	0.129	−0.054	0.782
Q15	0.185	0.112	0.081	−0.007	0.719
特征值	3.675	3.415	3.267	3.019	2.700
方差百分比	16.704	15.521	14.850	13.725	12.272
累积方差 百分比	16.704	32.225	47.075	60.800	73.072

注：KMO=0.868, BartlettX2=1481.778, df=231, sig=0.000, Initial eigenvalue=1

依据凯撒的观点，KMO在0.90以上，表示量表极适合进行因素分析；若KMO在0.8—0.9之间，表示适合进行因素分析；若KMO在0.7—0.8之间，表示尚可进行因素分析；若KMO在0.6—0.7之间，表示勉强可进行因素分析；若KMO在0.5—0.6之间，表示不适合进行因素分析；若KMO在0.5以下，表示非常不适合进行因素分析。此外，巴特莱特球体检验的统计值显著性概率小于等于显著性水平时，可以做因子分析。

从表 7-3 可以看出，BartlettX2=1481.778，p<0.001，KMO=0.868，说明该量表适合进行因子分析。之后，采用常用的主成分分析法，以特征根大于1为标准来截取因素，对22个项目进行因子抽取后，最终提取五个因子，五个因子累积解释总变异的73.072%，可以解释大部分的方差。根据黑尔等学者的观点，在社会科学领域中，共同因子累计解释变量能达到60%以上就表示共同因子是可靠的，若是共同因子累计解释变量在50%以上，因子分析结果也是可以接受的。这就进一步说明，本研究所进行的因子分析是比较可靠的。

提取的五个因子中，第一个因子代表了改善以人为本，因子载荷的范围在0.812—0.809；第二个因子代表了改善群体氛围，因子载荷的范围在0.822—0.652；第三个因子代表了改善沟通，因子载荷的范围在0.916—0.787；第四个因子代表了改善精神激励，因子载荷的范围在0.828—0.645；第五个因子代表了改善领导方式，因子载荷的范围在0.806—0.719。根据塔巴克尼克与菲德尔的建议，当因子负荷量大于0.71，此时因子负荷量的状况甚为理想；当因子负荷量大于 0.63 时，此时因子负荷量的状况为理想；当因子负荷量大于 0.55 时，此时因子负荷量的状况为比较好；若是因子负荷量小于 0.32，此时因子负荷量的状况为不理想。由此可知，本研究所设计量表中的五个因子的载荷量范围均大于 0.71，因子载荷量的状况甚为良好。

综上所述，本研究所设计的量表具有良好的信度和效度，可以用于正式调查的开展。

第二节 正式调查和数据分析

在通过预调查对量表的信度和效度进行了验证的基础上，正式调查的工作随之展开。在正式调查中总共发放了600份问卷，涉及来自北京、天津、河北的金融、通讯、餐饮住宿、食品加工、农产品加工、艺术设计和网络科技共七个行业的11家企业的员工。这11家企业既包括国有控股企业，又包括民营企业。正式调查的第一步，同样是与这11家企业的人力资源管理部门负责人进行联系，了解每个企业的员工总体数量并进行比较，从而得出这11家企业彼此之间员工规模的相互比例。随后通过邮寄或直接送达的方式，将相应数量的调查问卷交给每个企业人力资源部门负责人，委托他们在企业内部进行问卷的随机发放。同预调查一样，问卷采用不记名方式填写，以确保调查对象所填写内容的真实性。在完成问卷的填写之后，再由各企业的人力资源部门负责人进行回收，并通过邮寄或研究人员自取的方式，将问卷进行最终的汇总。本次正式调查共回收问卷578份，其中无效问卷8份，有效问卷570份，回收率为95%。

一、问卷的描述性统计分析

问卷第一部分的1—4题是对570名有效样本基本信息的调查，统计结果如表7-4所示：

表7-4 调查样本的基本信息

		频率	百分比	有效百分比	累计百分比
性别	女	309	54.2	54.2	54.2
	男	261	45.8	45.8	100.0
年龄	25岁以下	63	11.1	11.1	11.1
	26—35岁	205	36.0	36.0	47.0
	36—45岁	173	30.4	30.4	77.4
	46—55岁	101	17.7	17.7	95.1
	56岁以上	28	4.9	4.9	100.0

续表

		频率	百分比	有效百分比	累计百分比
学历	高中及以下	18	3.2	3.2	3.2
	专科	113	19.8	19.8	23.0
	本科	344	60.4	60.4	83.3
	硕士及以上	95	16.7	16.7	100.0
月收入（人民币）	3000元及以下	46	8.1	8.1	8.1
	3000元以上至5000元	156	27.4	27.4	35.4
	5000元以上至7000元	223	39.1	39.1	74.6
	7000元以上至9000元	112	19.6	19.6	94.2
	大于9000元	33	5.8	5.8	100.0

从上表可以看出，在570名样本中，女性309人，占比54.2%，男性261人，占比45.8%。大多数样本的年龄集中在26—45岁，共占到全部样本的66.4%。在学历方面，随着中国高等教育的不断普及，具有本科学历的样本占绝大多数，达到了60.4%，而具有硕士及以上学历的样本

达到16.7%，也有着不低的占比。在月收入层面上，绝大多数样本的月收入在人民币3000元至9000元（约合420美元至1280美元）之间，共占到全部样本的86.1%。其中，月收入在5000元至7000元人民币（约合700美元至1000美元）的样本数量最多，占比39.1%，随后是3000元至5000元（约合420美元至700美元）和7000元至9000元（约合1000美元至1280美元）的样本数量，分别占比27.4%和19.6%。这些数据的统计结果不仅是对样本基本信息情况的总体描述，更为后续研究中所将要进行的"性别、年龄、学历、收入的不同"和"对提升凝聚力方法的认同度"之间关联性的分析奠定了重要的基础。

问卷第一部分的5—8题是对570名有效样本在"凝聚力对企业发展重要性、所在企业的凝聚力现状、本研究所界定的五个凝聚力影响因素"的层面上的认同程度和整体态度的调查，统计结果如表7-5所示：

表7-5 调查样本对凝聚力及其影响因素的总体态度

		频率	百分比	有效百分比	累计百分比
企业拥有强大的凝聚力，将会非常有利于企业发展	不好确定	16	2.8	2.8	2.8
	同意	145	25.4	25.4	28.2
	比较同意	280	49.1	49.1	77.4
	非常同意	129	22.6	22.6	100.0
您目前所就职的企业或团队的凝聚力很强	非常不同意	91	16.0	16.0	16.0
	比较不同意	224	39.3	39.3	55.3
	不同意	127	22.2	22.2	77.5
	不好确定	74	13.0	13.0	90.5
	同意	47	8.2	8.2	98.8
	比较同意	7	1.2	1.2	100.0
您目前所就职的企业或团队的凝聚力有很大的提升空间	不同意	60	10.5	10.5	10.5
	不好确定	83	14.6	14.6	25.1
	同意	100	17.5	17.5	42.6
	比较同意	247	43.3	43.3	86.0
	非常同意	80	14.0	14.0	100.0

续表

		频率	百分比	有效百分比	累计百分比
企业如果能在五个因素上有所作为,将对企业凝聚力提高有很大帮助	不同意	11	1.9	1.9	1.9
	不好确定	96	16.8	16.8	18.8
	同意	125	21.9	21.9	40.7
	比较同意	171	30.0	30.0	70.7
	非常同意	167	29.3	29.3	100.0

从上表可以得出,高达97.2%的样本认同凝聚力对于企业的发展来说是有利的,这也再次证明了凝聚力对于企业的重要性,支持了本研究选择企业凝聚力作为其中一个研究切入点的合理性。而在几家接受调查的企业凝聚力现状方面,整体上却是不容乐观的。统计结果显示,认为自己所就职的企业或团队拥有很强凝聚力的样本只占到9.4%,而持有不同程度反向态度的样本总占比却高达77.5%。与之相对应的,高达74.8%的样本不同程度地认为自己所就职的企业或团队在凝聚力层面上有着很大的提升空间。可见,提升凝聚力对于很多企业来说是十分必要的,同时也有着非常重要的现实意义。而对于本

研究所界定的五个凝聚力影响因素，表示认同、比较认同和非常认同的样本比例分别为21.9%、30%和29.3%，总占比达到81.2%，有力地支撑了本研究对于普适性企业凝聚力影响因素的界定结果。

问卷第二部分的22道题目，内容针对的是本研究提出的借鉴表演艺术提升企业凝聚力的各项具体方法。通过对每一道题目的得分均值进行统计，得出了调查样本对这些方法的总体认同度。如表7-6所示：

表7-6 对问卷第二部分调查数据的均值描述统计

维度	平均值	标准差	题项	平均值	标准差
改善精神激励	5.701	0.887	Q1	5.793	1.008
			Q2	5.802	0.925
			Q3	5.568	1.134
			Q4	5.668	1.084
改善沟通	5.845	0.872	Q5	5.821	1.004
			Q6	5.872	0.997
			Q7	5.823	0.953
			Q8	5.865	0.967
改善群体氛围	5.530	0.989	Q9	5.542	1.179
			Q10	5.618	1.084

续表

维度	平均值	标准差	题项	平均值	标准差
改善群体氛围			Q11	5.425	1.222
			Q12	5.572	1.161
			Q13	5.493	1.227
改善领导方式	5.561	0.934	Q14	5.590	1.174
			Q15	5.626	1.124
			Q16	5.611	1.157
			Q17	5.418	1.138
改善以人为本	5.676	0.901	Q18	5.833	1.023
			Q19	5.539	1.148
			Q20	5.739	1.037
			Q21	5.497	1.152
			Q22	5.774	1.022

由上表的统计结果可知，22个变量的均值全部介于5.418—5.872之间，由于本量表为7级量表，量表的中间值为4，可见每一个变量的均值都明显高于中间值。此外，将五个影响因素下每个分量表所各自包含的一组题目进行均值的统计，结果均介于5.530—5.845之间，同样都明显高于中间值。由此可以得出，参与调查的企业员工对于本研究所提出的借鉴表演艺术提升企业凝聚力的

方法,全部持有较为接受和认同的态度;由于调查样本共来自七个不同行业,因此可以初步判断本研究所提出的方法具有较为普遍的适用性,能够得到较为广泛的企业员工的认可。

二、信度和效度分析

首先进行信度分析。这里继续采用 Cronbach's Alpha(α系数)来衡量量表信度的大小,α系数越大,问卷信度越高,即量表的可信性和稳定性越高。五个变量的α系数如表7-7所示:

表7-7 信度分析

	α系数	项数
改善精神激励	0.867	4
改善沟通	0.912	4
改善群体氛围	0.897	5
改善领导方式	0.829	4
改善以人为本	0.892	5

通过表7-7可以看出,五个变量的α系数值均在0.80以上,再次根据德维利斯提出的观点:α系数值介于

0.80—0.90之间表示非常良好,因此,本研究所设计的问卷有着较高的信度,可以进行后续分析。

之后进行效度分析。本研究将利用AMOS24.0软件进行效度检验,即采用验证性因子分析方法。本研究采用的是极大似然法对模型进行估计,并通过X2/DF、RMSEA、NFI、CFI、TLI、IFI来验证模型拟合情况。

表7-8 一阶模型拟合

拟合指标	X2	DF	X2/DF	RMSEA	NFI	TLI	CFI	IFI
判断标准			<3	<0.08	>0.9	>0.9	>0.9	>0.9
一阶模型	251.101	199	1.262	0.021	0.969	0.992	0.993	0.993

从表7-8可以看出,X2/DF(卡方自由度比值)的值为1.538。一般而言,X2/DF的值小于2时,表示模型的适配度较好。RMSEA(近似均方根误差)的值为0.021,而RMSEA值小于0.08时,表示模型有良好的适配度。TLI的值为0.992,NFI的值为0.969,CFI的值为0.993,IFI的值为0.993。其中,TLI为非规准适配指数,用来比较所提出的模型对虚无模型之间的适配程度;NFI为规准适配指数,用来比较所提模型与虚无模型之间的卡方值间距;CFI为比较适配指数,是一种改良式的NFI;IFI为

增值适配指数。TLI、NFI、CFI、IFI介于0—1之间,愈接近1表示模型的适配度愈佳,一般而言,上述四个指标值大于0.9表明模型的适配度良好。由此说明,一阶验证性因子分析的模型拟合较为良好。

表7-9　一阶验证性因子分析参数估计

变量	题项	因子载荷	标准误	T值	P值	CR	AVE
精神激励	Q1	0.737				0.871	0.630
	Q2	0.704	0.054	16.396	***		
	Q3	0.812	0.065	19.011	***		
	Q4	0.907	0.064	20.816	***		
沟通	Q5	0.895				0.914	0.727
	Q6	0.809	0.035	25.815	***		
	Q7	0.751	0.035	22.62	***		
	Q8	0.943	0.029	34.693	***		
群体氛围	Q9	0.826				0.898	0.637
	Q10	0.799	0.041	21.874	***		
	Q11	0.837	0.045	23.323	***		
	Q12	0.783	0.044	21.237	***		
	Q13	0.742	0.047	19.735	***		
领导方式	Q14	0.791				0.830	0.551
	Q15	0.707	0.052	16.464	***		

续表

变量	题项	因子载荷	标准误	T值	P值	CR	AVE
领导方式	Q16	0.693	0.054	16.098	***		
	Q17	0.773	0.053	18.009	***		
以人为本	Q18	0.928				0.897	0.640
	Q19	0.831	0.035	28.345	***		
	Q20	0.700	0.037	20.649	***		
	Q21	0.871	0.034	31.363	***		
	Q22	0.631	0.039	17.602	***		

（注：***P＜0.001）

从表7-9可以看出，精神激励、沟通、群体氛围、领导方式、以人为本的因子载荷均在0.6以上、组合信度CR值分别为0.871、0.914、0.898、0.830、0.897，平均方差抽取量AVE值分别为0.630、0.727、0.637、0.551、0.640。根据黑尔等学者在效度评估中的建议，因子载荷估计值绝对值最少应在0.5以上，最佳的指标值是0.7以上；平均方差抽取量（AVE）指标值应在0.5以上；组合信度CR指标值应高于0.7。这就进一步说明本研究所设计的量表拥有较好的效度。一阶验证性因子分析模型路径如图7-1所示。

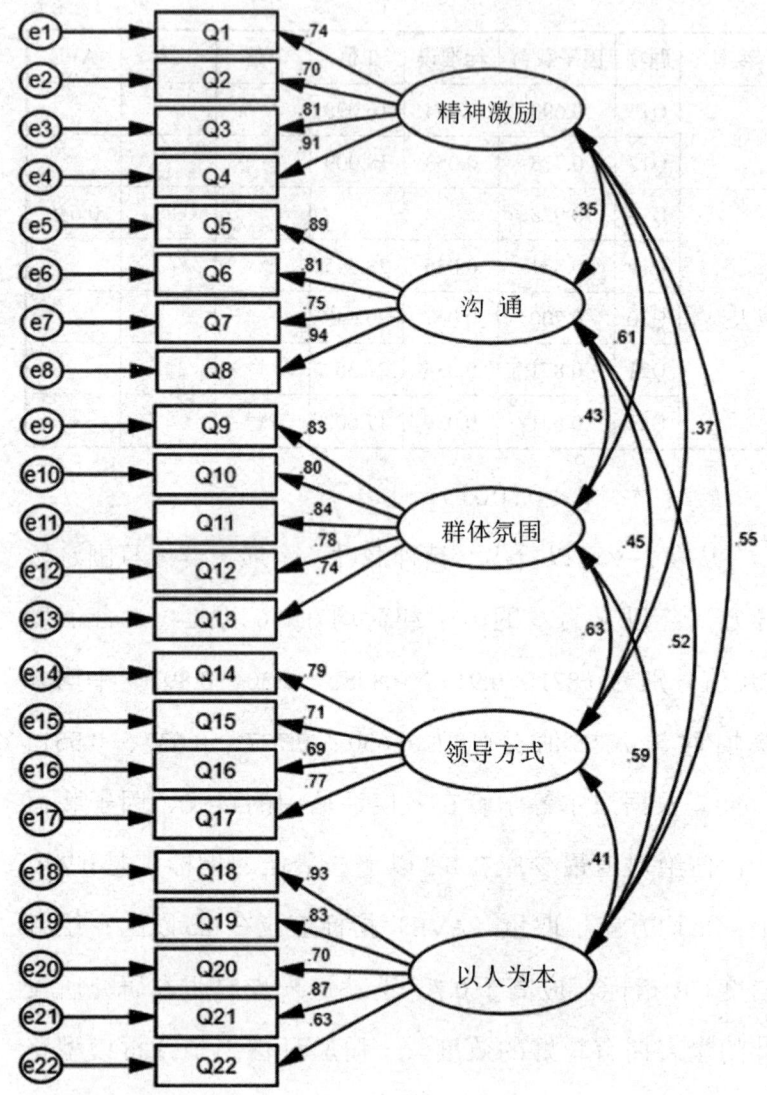

图 7-1 一阶验证性因子分析模型路径

表7-10 二阶模型拟合

拟合指标	X2	DF	X2/DF	RMSEA	NFI	TLI	CFI	IFI
判断标准			<3	<0.08	>0.9	>0.9	>0.9	>0.9
二阶模型	313.811	204	1.538	0.031	0.961	0.984	0.986	0.986

在一阶模型的基础上构建二阶模型,从表7-10可以看出,X2/DF的值为1.538,小于2;RMSEA的值为0.031,小于0.08;NFI的值为0.961,TLI的值为0.984,CFI的值为0.986,IFI的值为0.986,均大于0.9。因此说明二阶验证性因子分析的模型拟合较为良好。

表7-11 二阶验证性因子分析参数估计

变量	题项	因子载荷	标准误	T值	P值	CR	AVE
企业凝聚力	精神激励	0.690				0.832	0.502
	沟通	0.578	0.101	10.046	***		
	群体氛围	0.853	0.137	11.903	***		
	领导方式	0.666	0.118	10.294	***		
	以人为本	0.725	0.115	11.677	***		
精神激励	Q1	0.734				0.871	0.630
	Q2	0.703	0.054	16.308	***		
	Q3	0.813	0.066	18.972	***		
	Q4	0.908	0.064	20.706	***		

续表

变量	题项	因子载荷	标准误	T值	P值	CR	AVE
沟通	Q5	0.896				0.914	0.728
	Q6	0.810	0.035	25.88	***		
	Q7	0.752	0.035	22.654	***		
	Q8	0.941	0.029	34.583	***		
群体氛围	Q9	0.826				0.897	0.637
	Q10	0.799	0.041	21.846	***		
	Q11	0.837	0.045	23.315	***		
	Q12	0.781	0.044	21.157	***		
	Q13	0.743	0.047	19.741	***		
领导方式	Q14	0.793				0.830	0.551
	Q15	0.711	0.052	16.486	***		
	Q16	0.687	0.054	15.915	***		
	Q17	0.773	0.053	17.909	***		
以人为本	Q18	0.928				0.897	0.640
	Q19	0.832	0.036	28.335	***		
	Q20	0.700	0.037	20.592	***		
	Q21	0.871	0.034	31.323	***		
	Q22	0.631	0.039	17.558	***		

注：***P＜0.001

从表7-11可以看出，二阶变量企业凝聚力的因子载荷分别为 0.690、0.578、0.853、0.666、0.725，均远大于 0.5；组合信度 CR 值为 0.832，大于 0.7；平均方差抽取量 AVE 值为 0.502，大于 0.5。以上数据再次证明效度的良好。二阶验证性因子分析模型路径如图 7-2 所示。

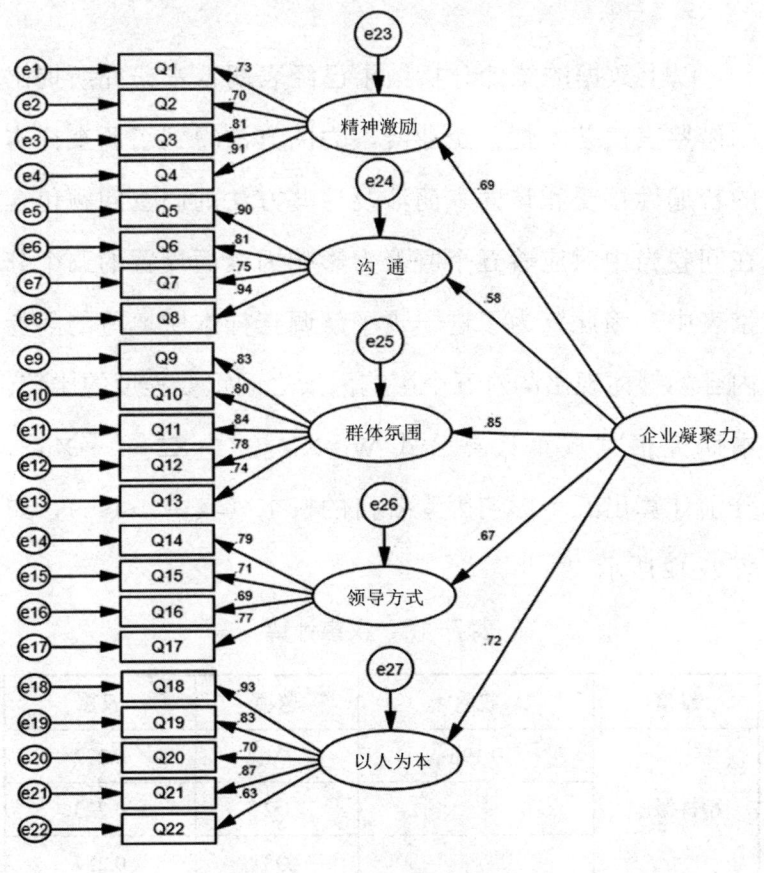

图 7-2　二阶验证性因子分析

综上所述，本研究所设计的问卷具有良好的信度和效度。本次正式调研所收集的数据可以继续用于后续的分析和研究。

三、权重计算

以上数据的统计分析结果已经表明，本研究所提出的借鉴表演艺术提升企业凝聚力的方法得到了调查样本的普遍性接受和认同。而涉及这些方法的调查问题包含在问卷当中对应着五个凝聚力影响因素而设置的五个分量表中。因此，为了进一步了解调查样本所填写的问卷内容能够体现出的对五个影响因素之间重要程度的比较，本研究根据权重计算公式 $W_i=X_i/(X_1+X_2+\cdots\cdots X_n)$，分别计算出五个影响因素各自的权重（其中 $1 \leq i \leq n$），如表7-12所示。

表7-12 权重计算

维度	权重	题项	权重
精神激励	0.196	Q1	0.232
		Q2	0.223
		Q3	0.257

续表

维度	权重	题项	权重
精神激励		Q4	0.288
沟通	0.165	Q5	0.264
		Q6	0.238
		Q7	0.221
		Q8	0.277
群体氛围	0.243	Q9	0.207
		Q10	0.200
		Q11	0.210
		Q12	0.196
		Q13	0.186
领导方式	0.190	Q14	0.268
		Q15	0.240
		Q16	0.232
		Q17	0.261
以人为本	0.206	Q18	0.234
		Q19	0.210
		Q20	0.177
		Q21	0.220
		Q22	0.159

根据表7-12可以得出，将五个影响因素的权重由大到小进行排序，顺序依次为：群体氛围、以人为本、精神激励、领导方式、沟通。这表明参与本次调查的企业员工认为，在五个企业凝聚力影响因素中"群体氛围"是最为重要的，或者说"群体氛围"这一因素对于企业凝聚力的影响程度在五个因素当中是最深的。在群体氛围之后，其他四个因素的重要程度由高到低的排序依次是：以人为本、精神激励、领导方式和沟通。因此，这一结果为企业制定以提升凝聚力为目标的相关策略和实践工作的开展，提供了重要的、直接的、方向性的依据。

四、对具有不同个体特征样本的T检验和单因素方差分析

在问卷第一部分的1—4题，首先对调查样本四个方面的基本情况进行了掌握，分别是性别、年龄、学历和月收入情况。为了进一步分析出具有不同个体特征的调查样本在对方法的认同度上所表现出的差异和规律，本研究将分别进行对"性别"特征的T检验和对"年龄、学历、收入情况"三个方面特征的独立样本方差分析。

（一）性别特征的独立样本T检验

表7-13　性别特征的独立样本T检验

	性别	个案数	平均值	标准差	T值	P值
精神激励	女	309	5.721	0.871	0.383	0.702
	男	261	5.693	0.891		
沟通	女	309	5.804	0.897	−1.221	0.223
	男	261	5.894	0.841		
群体氛围	女	309	5.529	0.986	−0.027	0.979
	男	261	5.531	0.994		
领导方式	女	309	5.570	0.913	0.239	0.811
	男	261	5.551	0.960		
以人为本	女	309	5.674	0.888	−0.068	0.946
	男	261	5.679	0.919		

根据表7-13可以得出不同性别的样本在五个变量上数据的均值和标准差。独立样本T检验的结果显示：五个变量的P值均大于0.05，说明性别的不同对于五个影响因素的认同度不存在显著的差异。也就是说，男性企业员工和女性企业员工相比较，对本研究所提出的借鉴表演艺术提升企业凝聚力方法的认同感是相似的，"性别"不是导致认同度出现差异的显著个体特征。

（二）对"年龄"的单因素方差分析

表7-14 对"年龄"的单因素方差分析

	年龄	个案数	平均值	标准差	F值	P值	多重比较
精神激励	①25岁以下	63	6.103	0.576	14.506	0.000	①>②③④ ②>③④
	②26—35岁	205	5.944	0.789			
	③36—45岁	173	5.535	0.891			
	④46—55岁	101	5.374	0.965			
	⑤56岁以上	28	5.366	0.899			
	总计	570	5.708	0.880			
沟通	①25岁以下	63	6.079	0.548	9.738	0.000	①②>③④ ③>④4
	②26—35岁	205	6.013	0.786			
	③36—45岁	173	5.822	0.845			
	④46—55岁	101	5.418	1.109			
	⑤56岁以上	28	5.768	0.736			
	总计	570	5.845	0.872			
群体氛围	①25岁以下	63	5.924	0.689	15.548	0.000	①②>③④ ⑤ ③>④
	②26—35岁	205	5.803	0.862			
	③36—45岁	173	5.407	0.913			
	④46—55岁	101	5.063	1.214			

续表

	年龄	个案数	平均值	标准差	F值	P值	多重比较
群体氛围	⑤56岁以上	28	5.086	1.048			
	总计	570	5.530	0.989			
领导方式	①25岁以下	63	5.921	0.732	15.936	0.000	
	②26—35岁	205	5.790	0.801			
	③36—45岁	173	5.501	0.873			①②>③④
	④46—55岁	101	5.015	1.132			⑤③⑤>④
	⑤56岁以上	28	5.411	0.911			
	总计	570	5.561	0.934			
以人为本	①25岁以下	63	6.083	0.561	17.146	0.000	
	②26—35岁	205	5.942	0.703			
	③36—45岁	173	5.503	0.970			①②>③④
	④46—55岁	101	5.259	1.066			⑤③⑤>④
	⑤56岁以上	28	5.386	0.779			
	总计	570	5.676	0.901			

根据表7-14可以得出，处在不同年龄段的样本在"精神激励、沟通、群体氛围、领导方式、以人为本"这五个变量上的数据均值和标准差。单因素方差分析的结果显示，五个变量的P值均小于0.001，这说明样本的年

龄不同，对方法的认同度存在着显著的差异。为了进一步了解这种差异，本研究使用了事后多重检验LSD法进行了多重比较。具体结果如下：

1. 关于精神激励。"25岁以下"样本的认同度要显著大于所有26—55岁三个年龄段的样本。"26—35岁"样本的认同度要显著大于36—55岁两个年龄段的样本。"56岁以上"的样本在多重比较中没有表现出与其他年龄段样本的显著差异，再通过均值进行辅助比较，可以得出56岁以上样本的认同度小于其他所有年龄段的样本。同样通过均值的辅助比较，"36—45岁"样本的认同度要大于"46—55岁"的样本。为了简便和直接地表示出这种差异，本研究用数学符号"≫"表示"多重比较的显著大于"，用数学符号"＞"表示"均值比较的一般大于"，进而得出以下综合比较结果：

25岁以下 ≫ 26—35岁 ≫ 36—45岁 ＞ 46—55岁 ＞ 56岁以上

2. 关于沟通。"25岁以下"和"26—35岁"两个年龄段的样本认同度要显著大于"36—45岁""46—55岁"两个年龄段的样本。"36—45岁"样本的认同度显著大于

"46—55岁"的样本。与"精神激励"部分的情况相似，"56岁以上"的样本在多重比较中没有表现出与其他年龄段样本的显著差异，同样通过均值进行辅助比较，可以看出"56岁以上"样本的认同度小于45岁以下的所有样本，并且大于"46—55岁"的样本。综合比较结果如下：

25岁以下 ＞ 26—35岁 ≫ 36—45岁	≫ 46—55岁
	＞56岁以上 ＞ 46—55岁

3.关于群体氛围。"25岁以下"与"26—35岁"样本的认同度要显著大于所有36岁以上的样本。在所有36岁以上的样本中，"36—45岁"样本的认同度又显著大于"46—55岁"的样本。"56岁以上"和"46—55岁"样本之间的均值非常接近，这里用数学符号"≈"进行表示。结合与其他未表现出显著差异的各年龄段样本之间进行的均值辅助比较，得出如下综合比较结果：

25岁以下 ＞ 26—35岁 ≫ 36—45岁 ≫（46—55岁 ≈ 56岁以上）

4.关于领导方式。"25岁以下"与"26—35岁"样本的认同度要显著大于所有36岁以上的样本。而在所有36岁以上的样本中，"36—45岁"和"56岁以上"样本的认同度要显著大于"46—55岁"的样本。再通过均值的辅助比较，得出如下综合比较结果：

25岁以下 ＞ 26—35岁 ≫ 36—45岁 ＞ 56岁以上 ≫ 46—55岁

5.关于以人为本。"25岁以下"与"26—35岁"样本的认同度要显著大于所有36岁以上的样本。在所有36岁以上的样本中，"36—45岁"样本的认同度又显著大于"46—55岁"的样本。结合与其他年龄段的样本之间进行的均值辅助比较，得出如下综合比较结果：

	≫ 46—55岁
25岁以下 ＞ 26—35岁 ≫ 36—45岁	＞56岁以上 ＞ 46—55岁

在以上的分析结果中，"46—55岁"的样本和"56岁以上"的样本的均值比较虽然互有高低，但却基本上相差不大，甚至近乎相等。同时，考虑到"56岁以上"样本的数量很少，调查数据的代表性与其他年龄段的样本相比而言并不典型。因此，从整体分析的角度出发，综合各项比较结果，可以得出一个具有总体性趋势特征的结论：企业员工的年龄越低，对于本研究所提出的提升企业凝聚力方法的认同度越高；企业员工的年龄越高，

认同度则越低。

（三）对"学历"的单因素方差分析

表7-15 对"学历"的单因素方差分析

	学历	个案数	平均值	标准差	F	P显著性	多重比较
精神激励	①高中及以下	18	5.222	0.935	37.819	0.000	③>①② ④>①②③
	②专科	113	5.084	0.997			
	③本科	344	5.805	0.796			
	④硕士及以上	95	6.189	0.496			
	总计	570	5.708	0.880			
沟通	①高中及以下	18	5.181	1.221	19.600	0.000	③④>①②
	②专科	113	5.398	0.911			
	③本科	344	5.959	0.800			
	④硕士及以上	95	6.092	0.761			
	总计	570	5.845	0.872			
群体氛围	①高中及以下	18	4.678	1.220	39.561	0.000	③>①② ④>①②③
	②专科	113	4.830	1.026			
	③本科	344	5.675	0.903			
	④硕士及以上	95	5.998	0.628			
	总计	570	5.530	0.989			

续表

	学历	个案数	平均值	标准差	F	P显著性	多重比较
领导方式	①高中及以下	18	4.917	1.015	31.706	0.000	③>①② ④>①②③
	②专科	113	4.942	1.012			
	③本科	344	5.688	0.840			
	④硕士及以上	95	5.961	0.731			
	总计	570	5.561	0.934			
以人为本	①高中及以下	18	5.056	1.448	35.112	0.000	③>①② ④>①②③
	②专科	113	5.039	0.984			
	③本科	344	5.816	0.788			
	④硕士及以上	95	6.046	0.587			
	总计	570	5.676	0.901			

根据表7-15可以得出，不同学历的样本在五个变量上的数据均值和标准差。同样进行单因素方差分析，五个变量的P值均小于0.001，说明不同学历的样本在认同度上存在显著的差异。同样使用事后多重检验LSD法进行多重比较，以进一步了解不同学历的样本在认同度上的具体差异情况，综合比较结果如下：

1.关于精神激励。"硕士及以上"学历样本的认同度要显著大于其他所有学历的样本;"本科"学历样本的认同度要显著大于"专科"学历和"高中及以下"学历的样本;"专科"样本和"高中及以下"样本之间通过均值的比较,可以得出后者的认同度略高于前者。综合比较结果如下:

硕士及以上 ≫ 本科 ≫ 高中及以下 > 专科

2. 关于沟通。"本科"样本与"硕士及以上"样本的认同度要显著大于"专科"样本和"高中及以下"样本;"硕士及以上"样本和"本科"样本之间通过均值比较,前者大于后者;"专科"样本和"高中及以下"样本之间通过均值比较,前者大于后者。综合比较结果如下:

硕士及以上 > 本科 ≫ 专科 > 高中及以下

3. 关于群体氛围。"硕士及以上"学历样本的认同度要显著大于其他所有学历的样本;"本科"学历样本的认同度要显著大于"专科"学历和"高中及以下"学历的样本;"专科"样本和"高中及以下"样本之间通过均值比较,可以得出前者的认同度高于后者。综合比较结果如下:

硕士及以上 ≫ 本科 ≫ 专科 > 高中及以下

4.关于领导方式。"硕士及以上"学历样本的认同度要显著大于其他所有学历的样本;"本科"学历样本的认同度要显著大于"专科"学历和"高中及以下"学历的样本;"专科"样本和"高中及以下"样本之间通过均值比较,"专科"的认同度高于"高中及以下"。综合比较结果如下:

硕士及以上 ≫ 本科 ≫ 专科 > 高中及以下

5.关于以人为本。"硕士及以上"学历样本的认同度要显著大于其他所有学历的样本;"本科"学历样本的认同度要显著大于"专科"学历和"高中及以下"学历的样本;"专科"样本和"高中及以下"样本之间的均值非常接近,"高中及以下"的认同度略高于"专科"。综合比较结果如下:

硕士及以上 ≫ 本科 ≫ (专科 ≈ 高中及以下)

综合以上各项比较结果,同样可以得出一个具有总体性趋势特征的结论:企业员工的学历越高,对于本研究所提出的提升企业凝聚力方法的认同度越高,企业员工的学历越低,认同度也越低。

（四）对"月薪"的单因素方差分析

表7-16 对"月薪"的单因素方差分析

	月薪：元 (k=1000)	个案数	平均值	标准差	F	P	多重比较
精神激励	①3k及以下	46	5.484	0.974	11.085	0.000	④⑤>①②③
	②3k以上至5k	156	5.487	0.905			
	③5k以上至7k	223	5.658	0.887			
	④7k以上至9k	112	6.083	0.659			
	⑤大于9k	33	6.129	0.705			
	总计	570	5.708	0.880			
沟通	①3k及以下	46	5.049	1.028	27.169	0.000	④⑤>①②③ ③>①② ②>①
	②3k以上至5k	156	5.598	0.949			
	③5k以上至7k	223	5.888	0.808			
	④7k以上至9k	112	6.254	0.471			
	⑤大于9k	33	6.447	0.454			
	总计	570	5.845	0.872			
群体氛围	①3k及以下	46	5.057	1.255	18.785	0.000	④⑤>①②③ ③>①②

续表

	月薪:元 (k=1000)	个案数	平均值	标准差	F	P	多重比较
群体氛围	②3k以上至5k	156	5.199	0.977			
	③5k以上至7k	223	5.527	0.875			
	④7k以上至9k	112	6.021	0.836			
	⑤大于9k	33	6.103	0.879			
	总计	570	5.530	0.989			
领导方式	①3k及以下	46	5.098	1.122	12.853	0.000	④⑤>①②③ ③>①②
	②3k以上至5k	156	5.341	0.951			
	③5k以上至7k	223	5.546	0.858			
	④7k以上至9k	112	5.969	0.789			
	⑤大于9k	33	5.962	0.893			
	总计	570	5.561	0.934			
以人为本	①3k及以下	46	5.300	1.075	13.944	0.000	④⑤>①②③ ③>①②
	②3k以上至5k	156	5.414	0.996			
	③5k以上至7k	223	5.671	0.807			
	④7k以上至9k	112	6.082	0.689			
	⑤大于9k	33	6.097	0.740			

续表

	月薪:元 (k=1000)	个案数	平均值	标准差	F	P	多重比较
以人为本	总计	570	5.676	0.901			

根据表7-16可以得出不同月收入水平的样本在"精神激励、沟通、群体氛围、领导方式、以人为本"这五个变量上的数据均值和标准差。在进行单因素方差分析之后，可知五个变量的P值均小于0.001，说明不同月收入水平的样本在对方法的认同度上存在显著的差异。同样使用事后检验（LSD）的方法进行多重比较，以进一步了解不同月收入水平的样本在认同度上的具体差异情况。为了便于更加简洁、直观地进行数据的比较和分析，在下文所呈现的月收入在每个凝聚力影响因素上的综合比较结果中，将用英文字母"k"代替数量级"千"，即"k=1000"，并省略计量单位"元"。综合比较结果如下：

1.关于精神激励。月收入在"7000元以上至9000元"与"9000元以上"样本的认同度要显著大于所有月收入在7000元以下的样本。之后再对未表现出显著差异的其他月收入水平样本的均值进行比较，得出如下综合比较结果：

9K 以上 ＞ 7K 以上至 9K ≫ 5K 以上至 7K ＞ 3K 以上至 5K ＞ 3K 及以下

2. 关于沟通。月收入在"7000元以上至9000元"与"9000元以上"样本的认同度要显著大于月收入在7000元以下的所有样本；"5000元以上至7000元"样本的认同度要显著大于月收入在5000元以下的所有样本；"3000元以上至5000元"样本的认同度要显著大于"3000元及以下"的样本；"7000元以上至9000元"和"9000元以上"样本之间通过进行均值的比较，后者大于前者。综合比较结果如下：

9K 以上 ＞ 7K 以上至 9K ≫ 5K 以上至 7K ≫ 3K 以上至 5K ≫ 3K 及以下

3. 关于群体氛围。月收入在"7000元以上至9000元"与"9000元以上"样本的认同度要显著大于月收入在7000元以下的所有样本；"5000元以上至7000元"样本的认同度要显著大于月收入在5000元以下的所有样本；对"7000元以上至9000元"与"9000元以上"样本之间的均值进行比较，后者大于前者；对"3000元以上至5000元"

与"3000元及以下"样本之间的均值进行比较，前者大于后者。综合比较结果如下：

9K以上 > 7K以上至9K ≫ 5K以上至7K ≫ 3K以上至5K > 3K及以下

4.关于领导方式。月收入在"7000元以上至9000元"与"9000元以上"样本的认同度要显著大于月收入在7000元以下的所有样本；"5000元以上至7000元"样本的认同度要显著大于月收入在5000元以下的所有样本；对"7000元以上至9000元"与"9000元以上"样本之间的均值进行比较，两者几乎相等；对"3000元以上至5000元"与"3000元及以下"样本之间的均值进行比较，前者大于后者。综合比较结果如下：

9K以上 ≈ 7K以上至9K ≫ 5K以上至7K ≫ 3K以上至5K > 3K及以下

5.关于以人为本。月收入在"7000元以上至9000元"与"9000元以上"样本的认同度要显著大于月收入在7000元以下的所有样本；"5000元以上至7000元"样本的认同度要显著大于月收入在5000元以下的所有样本；对"7000元以上至9000元"与"9000元以上"样本之间的均值进行比较，后者大于前者；对"3000元以上至5000元"与"3000元及以下"样本之间的均值进行比较，前者大于后者。综合比较结果如下：

9K 以上 > 7K 以上至 9K ≫ 5K 以上至 7K ≫ 3K 以上至 5K > 3K 及以下

综合以上各项比较结果，所得出一个具有总体性趋势特征的结论是：企业员工的月收入越高，对于本研究所提出的提升企业凝聚力的方法的认同度就越高；月收入越低，认同度就越低。

第八章

访谈工作的开展

第八章 访谈工作的开展

在前期研究中,通过对问卷调查数据均值的描述性统计分析可以得出,本研究所提出的所有提升企业凝聚力方法的题项均值均大于中间值,这表明所有的方法都得到了调查样本总体上的接受与认可。然而,依据对具有不同个体特征样本的方差分析和均值比较,本研究得出了三个带有总体趋势性特征的结论,内容概括如下:对于本研究所提出的借鉴表演艺术提升企业凝聚力的方法,年龄越低的企业员工对方法的认同度就越高,学历越高的企业员工对方法的认同度就越高,月收入越高的企业员工对方法的认同度就越高。

相应地,在得出以上结论的同时,随之产生了另外一个需要得到解答的问题，那就是：有着高年龄、低学历、低月收入特征的企业员工对本研究所提出方法的总体认同度，为什么会低于有着低年龄、高学历、高月收入特征的企业员工？针对这个问题，通过对本次问卷调查数据信息的统计与分析是无法得出答案的。因此，本研究进一步开展了与企业员工面对面进行的访谈工作，尝试通过对访谈反馈信息进行分析和归纳，以找到导致三种结论现象出现的背后原因，得出上述问题的答案。

首先进行访谈对象的确定。通过再次与这些参与了前期问卷调查工作、来自7个行业的11家企业的人资部门取得联系，并就有关访谈工作开展的细节进行了说明与协商，最终这11家企业当中有8家企业愿意继续配合本研究将要继续开展的访谈工作。本次访谈工作在8家企业人力资源部门主管的大力支持与配合下，对接受访谈的企业员工的基本条件做出了如下限定：

1. 有效填写了前期调查问卷的样本员工。

2. 接受访谈的对象需对应有着较低认同度样本的三个特征之一，即"高年龄、低学历、低月收入"中的一个。具体来讲，接受访谈的对象需要在年龄46岁以上、有着大专及以下学历、月收入在5000元以下这三个条件范围内进行选择，必须至少符合以上三个特征中的一个。同时，对于符合不止一个特征的访谈对象，只能按照其中某一个特征进行分类和统计，从而确保在每个特征下的访谈对象都不存在重复出现的情况。最终，在这八家企业里均随机选择了六名符合条件的员工进行访谈，每个特征下各有2名受访谈者，共计48名访谈对象。

3.访谈中所使用的提要内容如表7-17所示：

表7-17 访谈提要

访谈提要
①您的年龄、学历、月收入分别是？ ②对于调查问卷中提出的借鉴表演知识提升企业凝聚力的这些方法，您总体的态度是？ a.非常反对 b.比较反对 c.反对 d.无所谓 e.认同 f.比较认同 g.非常认同 ③.您对这些方法持有这样的总体态度的原因是什么？ a.访谈对象先进行自由回答。 b.有必要的前提下，进行引导性回答。如：您是否能够理解问卷中对每种方法的描述？如果将您的薪酬提升到某一更高的水平，您是否会更愿意接受并尝试这些方法？

按照上述限定和要求，最终参与本次访谈工作的48位受访对象的个体特征信息与组成结构，如表7-18所示：

表 7-18 访谈对象个体特征及组成结构

序号	样本个性特征			样本来源
	年龄	学历	月收入（RMB）	
1	24	本科	X＜5000	北京 A 艺术设计公司
2	31	专科	5000＜X＜7000	
3	26	硕士及以上	X＜5000	
4	33	专科	5000＜X＜7000	
5	48	本科	X＞9000	
6	49	专科	X＞9000	
7	25	专科	X＜5000	天津 A 餐饮公司
8	23	本科	X＜5000	
9	56	专科	X＜5000	
10	50	高中及以下	X＜5000	
11	29	本科	X＜5000	
12	36	专科	5000＜X＜7000	
13	26	专科	5000＜X＜7000	天津 B 金融信贷公司
14	23	专科	X＜5000	
15	27	专科	5000＜X＜7000	
16	39	本科	7000＜X＜9000	
17	52	专科	7000＜X＜9000	
18	54	专科	X＞9000	

续表

序号	样本个性特征			样本来源
	年龄	学历	月收入(RMB)	
19	26	硕士及以上	X<5000	河北A银行
20	25	本科	X<5000	
21	44	专科	5000<X<7000	
22	46	专科	5000<X<7000	
23	51	专科	7000<X<9000	
24	49	专科	5000<X<7000	
25	25	本科	X<5000	河北B餐饮公司
26	26	本科	X<5000	
27	54	高中及以下	X<5000	
28	38	专科	7000<X<9000	
29	33	专科	7000<X<9000	
30	49	专科	7000<X<9000	
31	50	专科	5000<X<7000	河北C网络通信公司
32	25	本科	X<5000	
33	45	专科	5000<X<7000	
34	44	专科	5000<X<7000	
35	48	专科	5000<X<7000	
36	26	硕士及以上	X<5000	

续表

序号	样本个性特征			样本来源
	年龄	学历	月收入（RMB）	
37	24	专科	X＜5000	河北D农产品加工公司
38	23	专科	X＜5000	
39	52	专科	7000＜X＜9000	
40	38	专科	5000＜X＜7000	
41	33	本科	5000＜X＜7000	
42	49	高中及以下	5000＜X＜7000	
43	23	本科	X＜5000	河北E金融信贷公司
44	24	本科	X＜5000	
45	38	专科	7000＜X＜9000	
46	47	专科	5000＜X＜7000	
47	51	专科	7000＜X＜9000	
48	42	专科	5000＜X＜7000	

本研究在经过对访谈中所收集到的反馈信息进行分析和归纳之后，得出如下结果：

1.对于调查问卷中凝聚力提升方法的总体态度，访谈对象的选择主要集中在"认同"和"无所谓"两个选项上。按照在问卷调研中所采用的七级量表的分值进行计算,均值为4.688。这就表明,虽然从总体上讲,访谈对象对于问卷中的方法是认同的(均值水平大于中间值4),但认同程度并不算很高,这一点与问卷调查数据的统计分析结果相一致。

2.通过对46岁以上的访谈对象所反馈的信息进行分析和归纳,得出了如下结果:高年龄段企业员工对于本研究所提出方法的认同度相对较低,主要是因为高龄员工多年在既定条件下的工作经历,往往会导致他们多方面的思维偏于固化,对于那些有可能会给现状带来较大变化的新方法、新思路、新事物,他们并不愿意去积极地接触、了解和尝试。本研究所提出的方法都借鉴了表演艺术的相关理论和知识,对于这些高年龄段的员工来讲无疑是一种新鲜事物的出现。因此,高龄员工虽然对这些方法能够给予一定程度地接受和认可,但同时也会保留着一定的抵触心理。

3.在对有着大专及以下学历的访谈对象的反馈信息进行归纳和分析之后,得出了如下结果:学历较低的员工的学习能力往往并不突出,并且在对待学习的态度上也大多缺乏热情和主动性。而问卷中这些借鉴了表演艺术的方法对于他们来讲，虽然感到有趣，但理解起来比较晦涩和枯燥，尽管他们主观上相信这些方法是能够给企业的发展带来好处的，但受限于自身学习能力和学习动力的不足，不愿主动、也难以充分了解和理解这些方法的内涵和意义。此外，这些员工在企业中的工作内容大多是较为简单和机械重复的，与其他部门和员工的互动关联也往往较少，这些方法的实施虽然对企业的发展是有益的，但能否也给他们自身带来相应的利益却并不能完全肯定。因此，学历较低的员工在给予这些方法总体肯定的同时，仍持有一定的怀疑态度。

4. 在对月收入5000元以下的访谈对象的反馈信息进行归纳和分析之后，得出了如下结果：在访谈过程中进一步了解到，这部分"月收入5000元以下"的受访者其实际月工资收入大多数都是在4000元以下的水平，比起5000元的条件上限尚存在至少1000元的差距。在与各个企业人力资源部门的工作人员进行确认后获知，这部分员工的薪资水平在企业中是处于最低层次的。也正因为如此，改善自己的收入水平和生活状况是他们当下最为关心的首要目标。他们同样肯定了调查问卷中的这些方法对于企业发展的积极作用，但对于他们现阶段的实际情况来讲，"能否带来直接且快速的经济效益"是他们判断"优劣好坏"的首要标准。显然，这些提升企业凝聚力的方法是难以在短时间内满足他们在物质层面上的迫切需求的。因此，对于这些方法他们虽然也在主观上予以认同，但却无法产生强烈的共鸣。对于这样的访谈结果，通过马斯洛需求层次理论也能够得到合理的解释。在该理论中，人的需求共有五个层次，由低到高依次为：生理需求、安全需求、社交需求、尊重需求和自我实现需求。其中，越是低层的需求就越是关乎人的生存所必需的最基本需求，是其他高层需求存在与实现的基础。这些收入水平较低的员工，尚处于生理需求和安全需求未得到充分保障的阶段，"挣更多的钱"远远要比实现其他的目标更为现实和重要。而本研究所提出的这些借鉴表演艺术提升企业凝聚力的方法，主要侧重于产生精神层面的作用而非物质层面的作用，低收入员工的认同度自然也就相对不高。在访谈的最后，当这些接受访谈的低收入员工被问及"如果在收入水平得到提高的前提下，是否会更加愿意接受和尝试这些方法"的时候，几乎所有人都给出了肯定的回答。

通过访谈，本研究最终找到了"有着高年龄、低学历、低月收入特征的企业员工对本研究所提出方法的总体认同度相对不高"这一问题的答案。而对于访谈反馈信息的归纳和分析结果，有一点是需要再次强调的：虽然高年龄、低学历、低月收入的员工出于各自不同的原因，导致他们对本研究所提出方法的认同度受到影响，但这种影响也只是相对于低年龄、高学历、高月收入员工的比较而言。总体上讲，他们对这些方法同样给予肯定的态度，对这些方法所能够给企业发展起到的促进作用是认同的，这与本研究前期对问卷调查的数据进行统计分析所得到的结论也是相符合的。

第九章

总结与展望

第一节　本研究的最终成果和结论

本研究尝试在管理学和艺术学之间建立直接的关联性，探索将管理的艺术性从管理的技巧、方法范畴拓展到真正的专业艺术范畴。本研究分别在管理学中选择了对企业经营管理和未来发展有着重要意义的企业凝聚力，在艺术学中选择了具有典型代表性的表演艺术，作为将管理学与艺术学之间建立直接关联的切入点和主要的研究对象。之后针对本研究开展之初所设定的各项问题、假设与研究目标，通过文献研究和对相关成果的归纳总结、模型构建、问卷调查、数据的统计分析、访谈等一系列研究工作的开展和对各项工作结果的归纳与统计，本研究最终得到了如下成果和结论：

第一，界定了适合与表演艺术建立关联的五个普适性企业凝聚力影响因素，分别是：精神激励、沟通、群体氛围、领导方式、以人为本。

本研究通过对现有的东西方学者有关凝聚力影响因素的代表性研究成果进行比较和归纳，对企业凝聚力的普适性影响因素进行了界定，共包含八个方面：激励、内部结构建设、个体特征及其一致性、沟通、群体氛围、外部环境、领导方式、以人为本。但依据表演艺术的特点并与之相契合，本研究对八个方面的凝聚力影响因素进行了进一步的修正，删减掉其中的"内部结构建设"因素、"个体特征及其一致性"因素、"外部环境"因素以及"激励"因素中的物质激励，从而最终界定了与表演艺术相匹配和适应的上述五个企业凝聚力影响因素。

第二，本研究确定了与五个企业凝聚力影响因素相对应的十项较具有代表性的表演艺术相关知识理论。

本研究分别列举和分析了与每个企业凝聚力影响因素相对应的十项较具有代表性的表演艺术相关知识理论，包括：与"精神激励"因素相对应的"演员的身心放松""真实与信念""剧本分析理论"，与"沟通"因素相对应的"表演中的沟通"，与"群体氛围"因素相对应的

"舞台场景的构建""戏仿理论""表演艺术实践",与"领导方式"因素相对应的"演员的'七力四感'",与"以人为本"因素相对应的"解放天性""角色分析"。

第三,根据凝聚力影响因素和表演艺术理论知识之间的对应关系,本研究建立了"凝聚力影响因素——表演艺术"理论模型。

本研究建立了管理学交叉学科研究领域中,首个将管理学与艺术学中的表演艺术建立直接关联的理论模型,这是本研究的一项重要理论创新,也是本研究提出一系列借鉴表演艺术提升企业凝聚力方法的重要依据。

第四,提出了一系列借鉴了表演艺术知识理论的提升企业凝聚力的方法。

在与五个凝聚力影响因素相对应的十项表演知识理论中,包含着专业的观点、教学的方法或实践的技巧等内容,本研究参考和借鉴了这些专业性的知识,提出了将表演艺术中用于舞台环境构建、演员培养、表演实践、观众互动等一系列相关的理论和方法,应用到企业工作环境的建设、管理者的领导方式、内部沟通、员工的互动与激励等各项经营与管理的工作中,最终用以提升企业凝聚力的35个借鉴了表演艺术的具体方法。

第五，通过实证检验，本研究所提出的"借鉴表演艺术提升企业凝聚力的方法"得到了来自多个行业企业员工的普遍接受和认可。

对问卷调查数据的统计分析结果表明，本研究所设计的问卷具有良好的信度和效度，所提出的所有"借鉴表演艺术提升企业凝聚力的方法"得到了来自七个行业的十一家企业员工的普遍接受和认可。通过权重计算，得出了调查样本对五个凝聚力影响因素重要程度的排序，由高到低依次为：群体氛围、以人为本、精神激励、领导方式、沟通。同时，对数据的统计分析结果还表明，性别差异对认同度的影响并不显著，高年龄员工的认同度要相对低于低年龄的员工，低学历员工的认同度要相对低于高学历的员工，低月收入员工的认同度要相对低于高月收入的员工。

第六，找到了导致高年龄、低学历、低月收入企业员工的认同度相对不高的背后原因。

针对"具有高年龄、低学历、低月收入个体特征的企业员工的认同度为何相对不高"这一无法通过对问卷调查数据的统计分析结果而直接得到解答的问题，本研究对部分填写了调查问卷且具有三个特征中的至少一个的员工样本，进行了进一步面对面的访谈，并通过对访谈反馈信息的分析和归纳，得出了这一问题的答案：高年龄员工对新鲜事物的排斥心理，低学历员工学习能力与学习动力的普遍不足，以及低月收入员工对经济利益的迫切需求，是导致他们与"低年龄、高学历、高月收入"的员工相比，对方法的认同度相对不高的主要原因。

本研究开展的初期提出了三个需要给出结论的问题，分别是：

第一，管理的"艺术性"能否从管理技巧和方法的管理学范畴拓展到真正的、专业的艺术学范畴？

第二，在企业凝聚力和表演艺术之间能否建立起有着直接对应关系的理论模型？

第三，企业如何借鉴表演艺术理论在管理实践中实现企业凝聚力的提升？

针对上述三个问题，在以上各项研究成果的基础上，本研究最终得出如下结论：

第一，管理的"艺术性"能够从管理方法和技巧的管理学范畴扩展到真正的、专业的艺术学范畴。

第二，管理学中的企业凝聚力和艺术学中的表演艺术之间，能够建立起有着直接对应关系的理论模型。

第三，借鉴表演艺术提升企业凝聚力的方法，能够得到企业员工的普遍接受和认可，将这些方法应用于企业日常的经营与管理当中，能够对企业凝聚力的改善乃至企业未来的良好发展起到积极的促进作用。

第二节 本研究的创新性和贡献

一、本研究的创新性

本研究的创新性主要体现在以下几个方面：

1. 以企业凝聚力和表演艺术为切入点，在管理学与艺术学之间建立起直接关联，将对管理艺术性的研究从以往的管理学范畴扩展到专业的艺术学范畴。

2. 本研究构建了"企业凝聚力——表演艺术"理论模型，这在管理学的跨学科交叉研究中尚属首次，是本研究非常重要的一项理论创新。

3. 提出了一系列提升企业凝聚力的新方法，这些方法是在借鉴了表演艺术知识理论的基础上从一个全新的角度提出的，实证研究的结果验证了这些新方法能够被来自各个行业的企业员工广泛接受和认可，是改善企业管理的一次新的探索和尝试。

二、本研究的主要贡献

本研究的贡献主要有以下几个方面：

1.本研究验证了在管理学与艺术学之间建立起直接关联的可能性，为管理学今后的学科交叉研究提供了一个新的角度和思路。

2.新的提升企业凝聚力方法的提出，为强化企业凝聚力的管理工作提供了新的理论和实践依据，特别是本研究提出的借鉴了表演艺术的方法更加生动、活泼和有趣，能够使企业的管理者和员工之间的互动更加轻松和愉悦。而实证研究的结果也表明，这些新方法具备在企业的经营与管理工作中进行实践和推广的可行性。

3.本研究所得出各项结果和结论，包括"凝聚力影响因素之间的重要性排序"，"具有不同个体特征的员工在认同度上的差异对比"，"造成不同个体特征员工认同度存在差异的原因"，等等，为企业制定提升凝聚力的策略乃至企业在其他方面对经营策略的制定与管理实践的开展，都提供了重要的理论和实践依据。

第三节 本研究的局限性和对未来研究的展望

一、本研究的局限性

虽然本研究取得了一定的成果，具备一定的理论价值和实践意义，但是受到研究问题的复杂性、研究条件的局限性和研究水平的有限性等多方面因素的限制，本研究所存在的短板和不足也是客观而明显的，主要包括以下几个方面：

1.在理论研究上，虽然本研究查阅了大量的相关文献资料，但受到研究条件和研究能力的限制，无法将所有与本研究内容相关的文献资料和研究成果都进行查阅和分析，这就使得本研究所归纳和总结出的部分观点和结论较为单薄和片面。

2. 在研究对象的选择上，由于本研究是从一个全新的角度所进行的管理学跨学科交叉研究，因此为了使所研究的问题具体化、降低研究开展的复杂性，本研究分别在管理学与艺术学中，选择了"企业凝聚力"和"表演艺术"两个切入点作为研究对象。作为一次在管理学与艺术学之间建立直接关联的探索和尝试，本研究的各项研究结果虽然得出两个切入点之间是能够建立直接联系的，但尚不能确定两个学科领域所包含的其他方面的内容之间，能否也通过本研究中的思路和方法建立起对应的关联。

3. 在样本的数量和样本的选择上，由于受到研究者自身社会影响力的限制，虽然在员工样本的选择上尽量做到随机抽样，但在企业的行业属性选择上却无法做到完全随机，且在企业的总体规模和企业类型这两项背景信息上，也无法进行分组对比性研究，这在一定程度上造成了对调查数据客观性的影响。参与问卷调查的有效样本数量为570，访谈的有效样本数量为48，虽然在数量上满足统计学分析的要求，但这种规模的样本数量并不能绝对确保研究结果的准确与客观。此外，本研究所设计和使用的问卷侧重于态度量表，在样本进行作答时难免会受到其当时主观意愿、心理状态、个人情绪、对题目的认知理解等各种因素的干扰，这些都会对调查数据的客观性和真实性造成影响，进而影响到各项研究结果的客观性和准确性。

4.在本研究所提出方法的有效性方面，尚有待于在企业的经营管理实践中进行实际效果的检验。同样受到研究能力、研究条件、时间跨度、社会影响力等各方面因素的限制，本研究只通过问卷调查和访谈的方式，对这些方法在企业员工的心理认同层面进行了验证，但没有能够将这些方法引入到企业实际的经营管理工作中进行有效性的实践检验。

二、对未来研究的展望

基于以上这些研究的局限性，未来的研究可以从以下几个方面得到进一步的完善和拓展：

1.通过更加广泛和深入的文献资料研究，使有关凝聚力影响因素和表演艺术知识理论的内容更加丰富和全面。在本研究中，对于凝聚力影响因素的界定，是通过对部分东西方学者的现有研究进行归纳并最终确定为五个方面。而在今后的研究中，如果能够进一步扩大文献资料查阅的广度和深度，那么对企业凝聚力的影响因素界定将会更加全面、准确。本研究所借鉴的表演艺术理论，主要涉及在我国的表演教学和表演实践中，较为普及且具有一定代表性的部分内容，在今后的研究中也有待于借鉴更为广泛的表演艺术领域的理论和知识，成为提出更多提升企业凝聚力方法的参考和依据。

2. 以本研究的各项成果为基础，尝试在管理学与艺术学之间开展更广泛的关联性研究。本研究在管理学和艺术学之间通过选择切入点进行关联性建立的尝试和探索仅仅只是一个开端，除了企业凝聚力和表演艺术，管理学和艺术学均包含着丰富的内容，因此在今后的研究中，可以在本研究已经取得的各项成果基础上，在更多的管理学与艺术学内容之间尝试建立直接的关联性，使两个学科领域的交叉性研究更加深入和全面，从而为管理的"艺术性"赋予更多的"艺术"内涵。

3. 通过更加科学、合理的途径，使参与调查的企业和员工的所属行业更加丰富，样本数量更具规模，从而使调查的结果更具有说服力。本研究由于受到各方面的条件的限制，在调查企业的选择上和调查样本的数量上，都存在不足之处，这就使得调查结果的准确性和说服力受到一定的影响。在今后的研究中，应当在更广泛的地域范围内和更加丰富的行业领域内对企业进行选择，同时还应根据企业的类型、规模等背景信息进行更具体的分类统计；在调查样本的数量上也应当进一步扩大到更加科学、合理的规模，使得最终所得出的调查结果更具有代表性和说服力。

4.在企业的经营管理实践中检验方法的有效性。对于任何管理方法来讲，要进行有效性的验证，就必须要将这种方法引入到企业中去接受"实战"的检验。因此在今后的研究中，应将本研究所提出的这些方法直接引入到企业的日常经营和管理工作中，用实践来检验本研究所提出的借鉴表演艺术提升企业凝聚力的方法在企业经营管理的"实战"中所能起到的实际成效，在验证这些方法有效性的同时，发现其中所存在的问题与不足，进而在今后的研究中不断进行改正和完善。

在本书的最后，要对有意愿在企业的管理经营实践中使用本研究所提出的借鉴表演艺术提升凝聚力方法的管理者提出两点特别的提醒：第一，企业凝聚力的提升是一个长期积累的过程，不论使用何种方法，对于一个企业、组织或团队来讲，提升凝聚力都不可能一蹴而就。因此，企业的管理者一定要做好"打持久战"的心理准备，切不可操之过急，也要避免出现在短时间内运用上述方法"成效甚微"时便产生怀疑和放弃的心理。第二，虽然本研究所提出的方法是普适性的，但对于不同类型、不同行业、不同规模以及有着其他不同条件的企业来讲，这些方法不一定是全部适用的，企业可以根据自身的实际情况对这些方法进行选择性的使用。此外，由于受到各方面条件的限制，本研究所提出的这些方法本身尚存在一定程度的局限性和片面性，企业在实际使用的过程中也要根据客观情况做到灵活把握，对方法中存在的问题与不足及时进行调整和改变。

参考文献

[1]周三多.管理学(第四版)[M].北京:高等教育出版社,2014:3.

[2]罗珉.德鲁克管理思想解读[M].北京:北京燕山出版社,2017:136.

[3]陈建成.漫谈中国书法与管理艺术的共享[J].管理观察,2016,2:62.

[4]陈标杰.管理就是表演[J].数字财富,2002,7:62.

[5]陈昌茂.论星级酒店管理引入"表演理论"的理论与实践意义[J].才智,2014,33:1,10.

[6]李满江.情境表演教学法在《管理学》教学中的应用[J].时代经贸,2013,14:167.

[7]武忠远,马勇.管理学[M].北京:高等教育出版

社,2012.

[8]李太,涂乙冬,李燕萍.团队中的关系、迎合与职业成功——基于戏剧理论的解释框架[J].南开管理评论,2013,16(2):36-46.

[9]张德,潘文君.企业文化[M].北京:清华大学出版社,2019.

[10]李贵森.西方戏剧表演艺术理论的现代诠释与解读[J].内蒙古民族大学学报,2010,5(3):20-22.

[11]祖存基.世界三大戏剧表演体系比较研究[J].江苏经贸职业技术学院学报,1997,6(2):70-74.

[12]刘浪.简析影视表演和戏剧表演的内在联系及差异[J].戏剧之家,2018,32:95.

[13]刘建明.宣传舆论学大辞典[M].北京:经济日报出版社,1992:592.

[14]王杰文."表演"与"表演研究"的混杂谱系[J].世界民族,2012,4:35-43.

[15]斯蒂芬·P·罗宾斯.组织行为学(第七版)[M].孙健敏,李原等译.北京:中国人民大学出版社,1997:257.

[16]马作宽.组织凝聚力[M].北京:中国经济出版

社,2009:3.

[17]布朗.群体过程[M].胡鑫,庆小飞,译.北京:中国轻工业出版社,2007:29.

[18]林美珍.团队凝聚力的研究述评[J].科学与管理,2010,1:20-23.

[19]赵曙明.中国企业集团文化建设与凝聚力研究[J].江苏行政学院学报,2003,2:50-56.

[20]赵福林.如何通过科学有效的人力资源管理提高企业凝聚力[J].经贸实践,2018,16:255-256.

[21]曾圣钧.团队凝聚力对团队绩效影响机制的实证研究[J].生产力研究,2010,9:197-199.

[22]尹佳淇.人力资源管理与企业凝聚力[J].企业改革与管理,2017,20:82.

[23]周明德.企业成长中的凝聚力研究[M].北京:北京交通大学,2009.

[24]吴一穹,陈颖颖,陶向明,顾琴轩.团队凝聚力研究现状探析与未来展望[J].工业工程与管理,2016,21(6):168-175.

[25]吉弗.哈里斯,斯塔德拉·J.哈特曼.组织行为学

[M].李丽,闫长坡,刘新颖,译.北京:经济管理出版社,2004:229-256.

[26]吴学刚.凝聚力[M].北京:中国致公出版社,2009.

[27]理查德·谢克纳.环境戏剧[M].曹路生,译.北京:中国戏剧出版社,2001:6.

[28]李婧.对三大表演体系的再探讨[D].山西:山西大学,2006.

[29]祝丹.戏剧表演与影视表演的理解与探析[J].东方企业文化,2011,16:262-263.

[30]陈玉翠.影视表演和戏剧表演的内在联系和差异性探究[J].艺术评鉴,2018,15:164-165.

[31]张帅.论影视表演与戏剧表演之艺术相通及其意义[J].大众文艺,2014,12:182-183.

[32]梁伯龙,李月.戏剧表演艺术[M].北京:高等教育出版社,2004:22-96,185-206,211,213-225.

[33]林洪桐.表演艺术教程——演员学习手册[M].北京:北京广播学院出版社,2000:9-304,399-502.

[34]纳尔逊,奎克.组织行为学:基础、现实与挑战

[M].桑强,王丽娟,蒙欣,李海,译.北京:中信出版社,2004:343.

[35]王丽娜.研发团队任务凝聚力影响因素的实证研究[D].郑州:郑州大学,2014.

[36]宋德玲.近十年来中国的日本企业终身雇佣制研究综述[J].日本学论坛,2006,3:2-9.

[37]李梦媛.日本武士道民族精神与日本企业文化研究[D].济南:山东师范大学,2015.

[38]李少惠,崔吉磊.企业文化[M].上海:上海财经大学出版社,2013:58,74.

[39]洪宜淑(2006).凝聚力:打造和谐共赢的团队[M].李旭,译.北京:经济科学出版社,2006.

[40]黄培伦.组织行为学[M].广州:华南理工大学出版,2001:114-134.

[41]关培兰.组织行为学[M].北京:中国人民大学出版社,2003:272-289.

[42]段万春.组织行为学(第二版)[M].重庆:重庆大学出版社,2008:143-167.

[43]李海,张勉,李博.组织凝聚力结构与影响因素:

案例研究及理论建构[J].北京师范大学学报(社会科学版),2009,6:47-56.

[44]秦辉.演员个性赋予表演技巧生命力[J].当代电影,2013,06:57-59.

[45]威廉·大内.Z理论——美国企业界怎样迎接日本的挑战[M].孙耀君,王祖融译.北京:中国社会科学出版社,1984.

[46]杨东.员工激励[M].北京:中国轻工业出版社,2010:111.

[47]邹磊.当众孤独下的松弛——化解戏剧演员演出前的紧张状态[J].四川师范大学学报(社会科学版)增刊,2005,S1:193-197.

[48]刘娜.浅谈演员如何在舞台上达到完美状态"松弛"[J].戏剧之家(上半月),2013,07:224.

[49]刘宁.演员该如何分析剧本[J].上海戏剧学院学报《戏剧艺术》,2017,06:108-117.

[50]罗锦鳞.关于导演教学中的剧本分析[J].中央戏剧学院学报《戏剧》,2018,01:128-144.

[51]康斯坦丁·斯坦尼斯拉夫斯基.演员创造角色

[M].杨衍春,张勃诺,张重钢,译.桂林:广西师范大学出版社,2016:317.

[52]戴平.戏剧:综合的美学工程[M].上海:上海人民出版社,1988:503.

[53]徐舸.试论戏剧表演中交流与适应对演员表演的影响——以话剧《日出》为例[J].戏剧之家,2017,16:29.

[54]屈珅.表演中的交流与适应[J].戏剧之家,2017,10:37.

[55]张卿.话剧表演艺术的互动性探讨[J].艺术评鉴,2018,06:156-157.

[56]苗海波.对话剧表演艺术的互动性探讨[J].祖国,2016,11:112.

[57]杨峰.话剧表演艺术的互动性研究[J].戏剧之家,2017,04:43.

[58]林克欢.演员与观众[J].文艺研究,1985,02:35-41.

[59]马宁.表演专业台词教学的拓展与深入[J].中国校外教育,2014,24:71.

[60]马辉.浅谈台词基本功的训练方法[J].大舞台,

2017,05:90-91.

[61]王立章.浅谈舞台场景对戏剧演出的重要作用[J].科技信息,2011,08:825-826.

[62]肖丽.舞台美术设计的构成要素[J].大舞台,2014,09:59-60.

[63]陈后亮.后现代视野下的戏仿研究——兼谈琳达·哈琴的后现代戏仿观[J].武汉科技大学学报(社会科学版),2010,04:93-98.

[64]龙欣欣.中国当下喜剧电影中"戏仿"的审美内涵及其影响研究——以开心麻花的电影创作为例[J].美与时代,2017,11:82-85.

[65]来杨博.舞台表演实践教学的建设和发展探究[J].才智,2018,24:19-20.

[66]杨柳.高校大学生舞台表演能力的培养研究[J].传媒论坛,2018,21:160-161.

[67]张雅,刘昕.对舞台表演实践教学建设的思考[J].南都学坛,2011,06:138.

[68]王长征.文艺建设是创造企业新辉煌的重要手段[J].中国石油和化工,2016,05:74.

[69]党心.音乐艺术活动对企业文化的作用研究[D].西安:陕西师范大学,2016.

[70]张春霞.用艺术活动构建和谐企业文化[J].商业现代化,2008,34:207.

[71]孙吉招(2012).姜文表演艺术研究[D].重庆:重庆大学,2012.

[72]张仁里.演员的幽默感与喜剧表演[J].戏剧(中央戏剧学院学报),1994,03:109-116.

[73]苏建华.解放天性对戏剧表演的意义初探[J].北方音乐,2010,08:56-57.

[74]苏建华.戏剧表演中的"解放天性"研究[J].艺术教育,2011,11:106-107.

[75]高景文.学院派表演:基础理论部分[M].成都:成都出版社,1995:25.

[76]迈克尔·鲍威尔.表演圣经[M].韦佳,赵龙涛,译.北京:电子工业出版社,2012:75.

[77]黄敏.瑞典企业强制员工工间健身 要么健身要么走人[EB/OL].新华网,2018-3-2.http://www.xinhuanet.com/world/2018-03/02/c_129820631.htm

[78]程珑,季伟.美国电影剧本分析[J].电影艺术,2001,01:125.

[79]苏丹.探究话剧演员如何说好台词[J].企业导报,2016,05:191.

[80]文若河.会演讲的领导更具领导力[J].中国公路,2012,02:110-111.

[81]夏维一.没有小角色,只有小演员[J].剧影月报,2016,3:107-108.

[82]彭玲.论管理沟通中的"尊重"[J].交通企业管理,2009,12:36-37.

[83]张桂香.浅论话剧表演艺术的互动性[J].戏剧之家,2016,05:47.

[84]王彦苹.浅谈场景设计在动画中的应用[J].艺术科技,2015,02:71,73.

[85]周黎.对舞台场景特性的几点认识[J].视听界,2000,5:55.

[86]陈永平.领导者的气场[J].中国纪检监察,2015,01:59.

[87]张元国.企业的幽默化管理[J].职业,2007,09:

35-36.

[88]柳士顺,凌文辁.浅谈企业的幽默管理[J].人力资源开发,2006,12:44-45.

[89]张鹏.演员和角色[J].大众文艺,2012,12:300.

[90]何晓雪(2017).浅析演员与角色的关系[J].戏剧之家,2017,08:24.

[91]贾虎.创新和学习对高科技企业的技术能力和创业绩效影响机制的实证研究[D].广东:华南理工大学,2015.

[92]李浩,柯氙,成喜雨,毛吉祥,陈志南.结构方程模型在环境健康管理研究中的应用[J].环境与健康杂志,2014,07:606-609.

附 录

关于借鉴表演艺术提高企业凝聚力方法的调查问卷

感谢您在百忙之中参与到我们的学术研究中。本研究旨在借鉴表演学知识的基础上，提出提升企业凝聚力的方法，探索管理学与艺术学的关联性。您的观点将对我们的研究结果起到非常重要的作用，恳请您认真、如实地进行填写。本问卷只为学术用途，所有数据只做统计分析使用，敬请放心填写。

第一部分

1.您的性别是………………（　　）

　　A.女　　B.男

2.您的年龄是……………（ ）

  A.25岁及以下　　B.26—35岁　　C.36—45岁

  D.46—55岁　　E.56岁及以上

3.您的学历是……………（ ）

  A.高中及以下　　B.专科　　C.本科

  D.硕士研究生及以上

4.您现在每月的收入水平是 $\underline{X}$ 元人民币……………（ ）

  A.$X \leqslant 3000$　　B.$3000 < X \leqslant 5000$　　C.$5000 < X \leqslant 7000$

  D.$7000 < X \leqslant 9000$　　E.$9000 < X$

5.如果企业或团队拥有强大的凝聚力，这将会非常有利于企业和团队的发展…………（ ）

  A.非常不同意　B.比较不同意　C.不同意

  D.不好确定　　E.同意　　F.比较同意　　G.非常同意

6.您目前所就职的企业或团队拥有很强的凝聚力，并且您对此很满意……………（ ）

  A.非常不同意　B.比较不同意　C.不同意

  D.不好确定　　E.同意　　F.比较同意　　G.非常同意

7.您目前所就职的企业或团队的凝聚力尚有很大的

提升空间……………（ ）

　　A.非常不同意　B.比较不同意　C.不同意

　　D.不好确定　E.同意　F.比较同意　G.非常同意

　　8.企业如果能够在"精神激励、沟通、群体氛围、领导方式、以人为本"这五个方面上有所作为，将对企业凝聚力的提高有很大帮助……………（ ）

　　A.非常不同意　B.比较不同意　C.不同意

　　D.不好确定　E.同意　F.比较同意　G.非常同意

第二部分

　　请您根据自己的实际理解和感受，对以下的描述进行评价和判断，并在最符合的数字上划○。选项和数字之间相对应的标准如下：

非常不同意	比较不同意	不同意	不好确定	同意	比较同意	非常同意
1	2	3	4	5	6	7

1	借鉴表演学中演员身心放松的知识，企业设立独立区域或专用场地，鼓励员工适当进行全身放松的运动，这样能够让员工拥有更好的精神状态。	1	2	3	4	5	6	7
2	借鉴表演学中演员身心放松的知识，企业适时通过广播或耳机，播放舒缓的音乐，引导员工闭目、调整呼吸，或者企业为员工设立令人耳目一新的休息区域，这样能够更好地改善员工的精神状态。	1	2	3	4	5	6	7
3	借鉴表演学中演员"真实与信念"的知识，如果企业能够让员工坚信"企业的愿景目标一定可以实现，每一名员工的工作对于企业目标的实现都非常重要，并且企业目标的实现将切实给每一名员工带来直接的利益"，这将给员工带来强大的精神激励。	1	2	3	4	5	6	7
4	借鉴表演学中剧本分析的知识，企业如果将员工的个人发展进行了合理的阶段划分，为员工指明了每一个阶段所需完成的具体工作并进行合理的引导，直到实现最终的目标，这将对员工产生积极的精神激励作用。	1	2	3	4	5	6	7
5	借鉴表演知识中台词训练的方法，如果能让沟通者在沟通的过程中表现出良好的语言表达能力，包括逻辑清晰、情感饱满、节奏合理等，这将让沟通更加顺畅而有效。	1	2	3	4	5	6	7
6	借鉴表演沟通知识中自我沟通的方法，沟通者时常进行自我沟通，包括：自我反省、换位思考、总结得失等，将有助于沟通进行得更加顺畅和融洽。	1	2	3	4	5	6	7

7	借鉴表演沟通知识中尊重角色的方法,在沟通的过程中,不论沟通双方彼此的职位高低、角色大小、贡献多少,都必须互相尊重,这将带来良好、有效的沟通。	1	2	3	4	5	6	7
8	借鉴表演沟通知识中注重细节的方法,在沟通的过程中,如果沟通者能够在言谈举止上表现出踏实感和安全感,例如:面部表情真诚、注意力保持集中、有着适时恰当的回应等,这将能够极大地提高双方进行交流与合作的意愿。	1	2	3	4	5	6	7
9	借鉴表演学中舞台场景构建的知识,工作环境就如同舞台场景,企业为员工搭建符合工作特点、体现个性化且富有艺术感的工作环境,能够有效改善企业的群体氛围。	1	2	3	4	5	6	7
10	借鉴表演知识中的舞台场景划分,企业为员工设立单独的、富有创意的饮品区,阅读区,休息区等特色功能区域,能够营造更好的群体氛围。	1	2	3	4	5	6	7
11	借鉴表演知识中的"戏仿理论",企业组织员工和家属一起观看优秀的戏剧、影视或其他形式的艺术表演,并使他们受到这些艺术作品中积极的情感和精神的影响,这样将营造更好的群体氛围。	1	2	3	4	5	6	7
12	借鉴表演学中的"戏仿理论",企业的标语、精神、价值观等,如果能够与经典、时尚的影视作品进行恰当的融合,将使员工对上述内容更愿意去理解、认同、铭记和传播,使企业的群体氛围更加轻松和有趣。	1	2	3	4	5	6	7

13	借鉴表演知识中的表演实践,企业举办年会、定期开展员工和家人共同参加的聚会,并设置员工和家人一起参与的表演、游戏等互动环节,同时管理者也能够积极地参与其中,这样非常有助于营造良好的群体氛围。	1	2	3	4	5	6	7
14	借鉴表演学知识中的"七力",如果企业管理者具有以下两种领导特征:"敏锐而细致的观察力——善于观察员工的状态和员工的态度反馈;敏锐而真挚的感受力——懂得换位思考,并善于从观察到的信息中感受到自身的问题与不足。"这样的管理者将得到员工的更多拥护。	1	2	3	4	5	6	7
15	借鉴表演学知识中的"七力",如果企业管理者具有以下两种领导特征:"积极而稳定的注意力——面对复杂多变的问题保持稳定的状态、清醒的思维;丰富而活跃的想象力——面对新问题、新挑战能够勇于创新。"这样的管理者将得到员工的更多拥护。	1	2	3	4	5	6	7
16	借鉴表演学知识中的"七力",如果企业管理者具有以下三种领导特征:"迅捷、准确而合理的判断与思考力——判别各种信息、思考科学决策;灵敏而细腻的适应力——灵敏适应和排解压力,细腻剖析原因、避免压力再生;鲜明的形体和语言的表现力——形成自己特有的领导力气场。"这样的管理者将得到员工的更多拥护。	1	2	3	4	5	6	7

17	借鉴表演学知识中的"四感",如果企业管理者具有以下四种领导特征:"真挚的信念和真实感——坚信企业未来,真诚对待员工;良好的形象感——代表企业的形象责任;适度的幽默感——给人以欢乐;合理的工作节奏感——轻重缓急,井然有序。"这样的管理者将得到员工更多拥护。	1	2	3	4	5	6	7
18	借鉴表演学中"解放天性"的知识,企业管理者鼓励员工畅所欲言、提出建议,支持员工勇于创新,积极开展综合技能拓展训练,合理进行岗位轮换,提高员工可塑性,挖掘员工潜能,帮助员工认识新的自我。这将促进员工良好的个人发展,体现出企业的"以人为本"。	1	2	3	4	5	6	7
19	借鉴表演学中"解放天性"的知识,企业为员工提供更多展示才艺和特长的机会,如摄影、视频制作、演讲、辩论、海报设计等,或者在工作上鼓励员工进行自我推荐,以展现员工特长,陶冶员工情操,保持员工身心健康。这将促进员工良好的个人发展,体现出企业的"以人为本"。	1	2	3	4	5	6	7
20	借鉴表演学中角色分析的知识,企业管理者要适时对员工在企业中所要扮演的角色进行分析,分析岗位所需要的生理、心理、性格、技能等各方面的条件,找到最合适的员工以提高员工与岗位的契合度。这将有利于员工的个人发展和自我价值的体现,体现出企业的"以人为本"。	1	2	3	4	5	6	7

21	借鉴表演学中角色分析的知识,企业管理者要积极引导新入职的员工或者存在状态波动的员工进行自我角色分析。通过与员工的深入交流和给予其充分的时间和空间,引导他们自我分析个人特征、发展方向、阶段目标和最高任务,梳理自我形象,找准自我定位。这有利于员工的个人发展,体现出企业的"以人为本"。	1	2	3	4	5	6	7
22	借鉴表演学中角色分析的知识,在角色分析过程中,企业管理者要对员工所遇到的实际困难和提出的合理要求,给予在条件允许前提下的全面支持和最大满足,从而使"角色分析"的意义得以体现,使员工的角色满足感获得提高。这有利于员工的个人发展,体现出企业的"以人为本"。	1	2	3	4	5	6	7